# GIACOMO BRUNO

# IPNOSI SEGRETA

## Le Tecniche Avanzate dei Grandi Maestri della PNL e dell'Ipnosi

Titolo

"IPNOSI SEGRETA"


Autore

Giacomo Bruno


Editore

Bruno Editore


Sito internet

http://www.brunoeditore.it

# Sommario

# Introduzione

Chissà quante volte ti sei chiesto quali segreti nascondano le tecniche ipnotiche! Ebbene, in questa guida ti parlerò di Ipnosi segreta, del modo migliore per raggiungere stati profondi di rilassamento e gestire lo stress, grazie alle tecniche avanzate ideate e applicate dai grandi maestri della PNL.

Queste strategie sono il risultato dell'analisi e del modellamento che la **Programmazione Neuro-Linguistica** ha attuato negli ultimi trent'anni sulle più note arti e tecniche di rilassamento e gestione dello stress. Utilizzandole potrai riuscire anche tu a raggiungere profondi stati di relax e a gestire situazioni e persone per te potenzialmente stressanti.

La PNL ha analizzato le forme di rilassamento, meditazione e dinamica mentale più riuscite, tra cui le arti marziali e l'ipnosi classica, studiando lo stato mentale di concentrazione ed equilibrio che si può arrivare a ottenere grazie ad esse. L'ipnosi segreta applicata in PNL, in particolare, si avvale di tecniche avanzate per rilassarsi e gestire lo stress. Raggiungere stati di rilassamento profondi, attraverso l'impiego delle varie strategie, ti permetterà di concentrarti meglio e di estrarre da te risorse inaspettate; di riprogrammare, cambiare e modificare abitudini che non ti piacciono più e crearne di nuove; di raggiungere obiettivi e risultati insperati. Ci sono vari stadi da controllare, provare e verificare bene su te stesso attraverso esercizi pratici.

Allo stesso modo, grazie alle tecniche ipnotiche ideate dai maestri fondatori della PNL, potrai imparare a gestire lo stress per essere il più possibile tranquillo e rilassato. Questa è infatti una delle priorità della società di oggi e, grazie a questa guida, avrai modo di apprendere due dei più importanti strumenti che la Programmazione Neuro-Linguistica ti offre a questo scopo: gli **ancoraggi** e la **time-line.**

Eseguiremo diversi esercizi avvalendoci di entrambi questi strumenti e utilizzando gli ancoraggi sia singolarmente che all'interno della time-line. Ti serviranno per imparare ad ancorare, a crearti degli stimoli e a gestire al meglio i tuoi stati d'animo.

Questo ti darà la possibilità di accedere a risorse come il rilassamento, la sicurezza, la tranquillità e la determinazione in pochi secondi, semplicemente ripetendo un gesto, visualizzando un'immagine o ascoltando un suono. Potrai utilizzare questi ancoraggi per andare a recuperare risorse da alcuni momenti del tuo passato in cui ti sei sentito molto forte o molto sicuro. In questo modo sarai in grado di trasportarle nel tuo futuro e di utilizzarle nel momento in cui incontrerai situazioni o persone che ti stressano. Grazie ad esse, affronterai meglio ogni situazione, per gestirla in totale rilassamento e tranquillità.

Perché, in realtà, hai già queste risorse dentro di te e potrai sfruttarle al meglio attraverso questi strumenti. Nella guida troverai un gran numero di esercizi: seguili con attenzione.

Buona Lettura!

*Giacomo Bruno*

# GIORNO 1:

## Ipnosi e Rilassamento

Nella società di oggi non siamo abituati a rilassarci, siamo tutti troppo stressati per farlo. Ma quali sono le cause di tanto stress? La principale è, forse, la mancanza di tempo, le troppe cose da fare ogni giorno, tanto che si ha la sensazione di non arrivare mai ad adempiere a tutti i propri doveri. Un'altra può essere il trovare, tra i colleghi di ufficio, persone antipatiche o maldisposte a collaborare, oppure sentire che il lavoro che si fa non è proprio quello ideale.

Per tutti questi motivi, che, certo, non ci rendono contentissimi, spesso la sera arriviamo a casa sfiniti. A quel punto vorremmo rilassarci ma… ovviamente non ci riusciamo! C'è la moglie che vuol essere ascoltata e aiutata, i bambini che vanno seguiti, una quantità di incombenze da adempiere tra cui la telefonata da fare alla mamma o alla nonna e, alla fine, non resta neanche un secondo per se stessi.

Ma niente paura. La soluzione esiste. Questa guida sarà la tua alleata per riuscire, nonostante tutto, a entrare in stati di rilassamento profondi. Per farlo non seguiremo le strategie proprie della meditazione, della dinamica mentale o del metodo Silva. Né tantomeno ci affideremo a un dato modo di fare ipnosi o autoipnosi che prevede la temporanea perdita di coscienza del soggetto.

Le suddette tecniche, infatti, per essere efficaci, necessitano dell'espletamento di alcuni passi standard che richiedono tempo e tranquillità come, ad esempio, chiudere gli occhi e isolarsi completamente. Come sappiamo, però, è spesso difficile avere tempo da dedicare esclusivamente a se stessi; a questo si aggiunga che seguire il procedimento richiede anche una certa continuità e, per questo, la motivazione a farlo prima o poi viene meno.

Ho seguito svariati corsi di queste arti e, anche se posso testimoniare che funzionano, perché le ho provate su di me, devo dire che sono assai scomode a seguirsi con una certa continuità e prima o poi ci si stanca. Dopo una settimana, dieci giorni, un mese, non si trova più il tempo necessario per applicarsi. I motivi possono essere i più vari: si perde la carica, non si è riusciti a costruire un'abitudine o chissà cos'altro.

Non sempre possiamo permetterci una mezz'ora da dedicarci, tanto più se siamo circondati da persone che, a casa, sul lavoro o altrove, pretendono qualcosa da noi. Quasi tutti hanno questo problema, anche tu, a meno che non viva da solo e abbia escluso la possibilità di uscire la sera.

**SEGRETO n. 1: nella società di oggi non si ha mai il tempo necessario per rilassarsi e le metodiche tradizionali per raggiungere il relax o gestire lo stress richiedono un impegno troppo intenso per essere seguite con costanza.**

Oggi ci concentreremo, invece, sulle tecniche ipnotiche segrete di Programmazione Neuro-Linguistica, la scienza che da oltre trent'anni modella i più grandi geni, le persone di maggiore successo, per estrarne tecniche avanzate ed efficaci. La PNL, fondata da Richard Bandler e John Grinder, ha modellato, oltre alle scienze di cui ti ho detto poco fa, anche tutte le arti orientali di rilassamento e meditazione come lo yoga, il karate e il kung fu. Ossia tutto ciò che può aiutare a ottenere stati di rilassamento profondi.

Molte tecniche, tuttavia, spesso tendono più che altro a "riparare" una situazione già compromessa, nella quale una persona tenta di liberarsi da uno stato di tensione o stress già presente. In PNL, invece, ci serviamo delle tecniche di rilassamento in maniera più **generativa** che riparativa. Bandler, infatti, punta più sul fatto di creare nuovi comportamenti, di raggiungere obiettivi e risultati, piuttosto che sul riparare le conseguenze di un problema. Questa distinzione è importantissima e va capita bene.

Mentre nell'ipnoterapia, ad esempio, l'ipnosi viene utilizzata soprattutto per porre riparo a un problema, in PNL viene usata per "generare" rilassamento e allontanare lo stress. Oggi ti dimostrerò che, grazie al suo utilizzo in chiave PNL, è possibile entrare in stati di rilassamento anche molto profondi, senza doversi isolare dal resto del mondo per un tempo più o meno lungo. La PNL ha tratto spunto da tutte le arti del rilassamento utilizzandole in maniera nuova e dando vita a strategie ipnotiche avanzate e segrete che possono essere utilizzate in qualsiasi luogo e situazione.

Richard Bandler racconta della volta in cui ebbe necessità di prendere un taxi a Los Angeles, città nella quale c'è un traffico pazzesco. Il tassista lo accolse dicendo: «Oggi ho avuto una giornata pessima, c'è un traffico spaventoso, anzi, si rilassi, perché per arrivare a destinazione ci vorranno minimo due ore e a quel punto saremo stressantissimi». Bandler, con il suo proverbiale senso dell'umorismo, gli rispose: «Questo è un suo problema, non si preoccupi, io mi rilasso per conto mio». Infatti, attuando una **distorsione temporale**, egli è in grado di raggiungere uno stato di rilassamento tanto profondo da entrare in trance; le due ore gli saranno sembrate pochi istanti!

Chiunque, nella vita, ha esperienza del fatto che i momenti più belli e intensi, i più emozionanti, trascorrono velocissimi, mentre i momenti più tristi, stressanti o noiosi pare non passino mai. Alcuni giorni fa, ad esempio, mi sono trovato in una situazione assurda. Ho cambiato da poco casa e, poiché si doveva staccare la luce nella precedente abitazione, ero tenuto ad assistervi.

Il problema è che i tecnici dell'Acea fissano appuntamenti con un range orario amplissimo, il mio era dalle 10,30 alle 13,30. Tra l'altro, avendo già restituito le chiavi della vecchia casa, dovevo restare ad attendere fuori in macchina. Per sfruttare al meglio quelle tre ore ho pensato di leggere un interessantissimo libro di Bandler, *Time for a change*, sugli stati di rilassamento e sulla distorsione temporale. Così sono entrato in macchina, ho messo un po' di musica, acceso il climatizzatore alla giusta temperatura e ho iniziato a leggere.

Il tecnico è arrivato dopo un'ora e mezza e io, nel frattempo, avevo quasi terminato la lettura del testo. Già il solo fatto di essere "dentro al libro" mi aveva portato a isolarmi dall'esterno, ma anche il contenuto del testo mi aveva aiutato, infatti parlava di come rimpicciolire il tempo e farlo trascorrere velocemente.

Di fatto, l'ora e mezza di attesa mi è davvero volata e, alla fine, mi sono detto che il libro non solo mi aveva interessato moltissimo e, leggendolo, avevo imparato tante altre tecniche, ma che aveva funzionato in tempo reale, mentre stavo vivendo una situazione che, potenzialmente, poteva essere di una noia mortale.

Invece l'ho sfruttata e mi è servita ad approfondire alcuni argomenti che avrei poi potuto sviluppare durante i miei corsi. Quando è arrivato il tecnico dell'Acea mi sono detto: «No... Devo ancora finire il libro! Non poteva arrivare un pochino più tardi, all'orario limite, verso le 13,30?» Potrei dire che ero quasi dispiaciuto che il mio tempo di attesa fosse finito; io, infatti, mi stavo rilassando!

Il segreto non consiste solo nel trasformare lo stress in relax, ma nel farlo divertendosi ed è proprio questo che vorrei tu facessi. Ad esempio, quando sono in fila in banca, non resto inerte, ma osservo le altre persone in attesa ed eseguo esercizi di ricalco. Lo faccio perché non mi piace sprecare tempo prezioso e dato che sfruttare male il proprio tempo è qualcosa che stressa moltissimo, io cerco di rilassarmi utilizzandolo al meglio.

Entrare in stati di rilassamento e utilizzarli in vari modi, anche divertenti, è utile e lo è soprattutto quando, in stato di veglia, si svolgono le proprie attività abituali. So che non è facile trovare il tempo che ti serve per rilassarti, ma prova ad utilizzare i momenti di pausa forzati, come, ad esempio, la fila in banca, il traffico cittadino o l'attesa del tecnico dell'Acea.

**SEGRETO n. 2: è possibile utilizzare al meglio il tempo anche nelle situazioni più banali e noiose, trasformandole in occasioni per rilassarsi.**

È chiaro che, soprattutto in una situazione come quella in cui si è al volante di un'autovettura, occorre essere sempre piuttosto vigili. A questo riguardo Bandler ci mette in guardia dicendo: «Una volta vendevamo delle audiocassette contenenti corsi sul rilassamento, sull'ipnosi e cose del genere. Alcuni dei nostri clienti le ascoltavano nel tratto di strada da casa al lavoro e viceversa e capitava che, rilassandosi troppo, provocassero incidenti».

Immagina la scena: la persona sta ascoltando la cassetta con il corso di ipnosi e rilassamento mentre guida, a un certo punto Bandler dice: «Ora chiudi gli occhi!», se lo fa davvero succede un disastro. Tempo fa una persona è andata contro un idrante allagando mezza città. Ricorda, quindi, di restare sempre e comunque vigile se ascolti audiocassette del genere mentre guidi. Anzi, non ascoltarle proprio!

Con l'aiuto dello schema riportato in questa pagina, parleremo ora dei cambiamenti che avvengono nel cervello a livello di **onde cerebrali,** dal momento in cui si passa da uno stato del tutto vigile a uno stato di rilassamento più o meno profondo.

| | | |
|---|---|---|
| BETA | vakog | Conscio |
| ALPHA | relax solving | Trance |
| ALPHA | meditazione guarigione | Trance |
| THETA | intuito | Trance Profonda |
| DELTA | sonno | Inconscio |

14
10
7
4

0 cps

Collegando il cervello umano a sofisticati apparecchi di rilevazione dello stato, si è scoperto che le onde cerebrali cambiano di frequenza dallo stato di veglia (Beta) – passando per vari stadi intermedi (Alpha e Theta) – allo stato del sonno (Delta). La differenza consiste nei cicli per secondo (CPS) che il cervello realizza passando da uno stato all'altro.

In generale, nel normale stato di veglia quotidiano, ovvero lo stato Beta, il cervello realizza da 14 cicli per secondo in su. Quando, invece, si passa dallo stato di veglia (Beta) a uno primo stato di rilassamento superficiale (Alpha), inizia a diminuire il numero dei cicli realizzati per secondo.

Tra 7 e 14 cicli per secondo ci troviamo nello stato **Alpha** (relax), associato al rilassamento. In questo stato ci si rilassa, si medita o, semplicemente, si è tranquilli.

Tra 4 e 7 cicli per secondo, passiamo a uno stato di rilassamento più profondo, lo stato **Theta** (intuito), che è proprio della "mente intuitiva", nel quale il cervello riesce a cogliere buone idee. Molti grandissimi geni del tempo passato usavano indursi lo stato di rilassamento Theta per carpire nuove intuizioni, così come succede a molti geni dei nostri giorni. Gli scrittori, ad esempio, per riuscire a scrivere un buon romanzo, devono essere concentrati e rilassati, altrimenti non sono in grado di portare a termine il proprio lavoro in maniera soddisfacente.

Tra 0 e 4 cicli al secondo, infine, abbiamo lo stato del sonno, il **Delta** (sonno). Quando dormiamo siamo in una fase quasi completamente inconscia, ma restiamo comunque vigili, perché avvertiamo il suono di una campanella, di un allarme o la voce di qualcuno che ci chiama e siamo pronti a reagire svegliandoci. Quindi, mentre la mente conscia è immersa nel sonno, l'inconscio resta sempre vigile.

A questo proposito i miei allievi mi hanno chiesto se credo nel funzionamento delle cosiddette "cassette subliminali", grazie alle quali si apprenderebbe semplicemente ascoltandole durante il sonno. Un esempio tipico sono i corsi di lingua: si va a letto con le cuffiette alle orecchie e, mentre si dorme, si dovrebbero assorbire i concetti.

Non ho una risposta netta a questo quesito. Ho letto sia pareri sfavorevoli che entusiasti e, in questo secondo caso, per la verità, si tratta soprattutto delle case produttrici che devono farsi pubblicità. Tuttavia, come è mia abitudine, le ho provate e ho concluso che su di me non funzionano. Però può essere solo la mia opinione; provale tu stesso e, magari, ti farai un'idea diversa dalla mia. Anche Bandler la pensa così, pur avendole sperimentate non su se stesso ma su altre persone.

Ci racconta che in America esistono cliniche create per curare lo stress (pensa a che punto sono!) e il titolare di una di esse è un suo amico. Insieme decisero di fare un esperimento sui pazienti e, a questo fine, Bandler gli fornì delle audiocassette subliminali da far ascoltare loro. Esse contenevano dei messaggi, registrati a voce bassissima e mascherati da musichette, di questo tenore: «Sei stressato! Sei arrabbiato! Sei incavolatissimo! Sei pazzo! Sei furibondo!»

Ai pazienti fu detto che si trattava di cassette create da Richard Bandler, utili per indurre stati di rilassamento. Andavano ascoltate in ogni momento della notte per un mese e, alla fine, avrebbero sortito sicuramente il loro effetto. Allo scadere del mese fu chiesto ai pazienti come si erano trovati e la maggior parte di essi affermò di aver trascorso il mese più bello della propria vita.

Quindi funzionano più le suggestioni che non il messaggio presente in cassetta, più l'effetto "placebo" che altro. Per "effetto placebo" si intende la reazione positiva di una persona all'assunzione di ciò che crede essere un farmaco, ma che, in realtà, non lo è e quindi non dovrebbe produrre alcun effetto.

In sostanza si crea una situazione di questo genere: un medico prescrive a un suo paziente, ad esempio, colpito da emicrania, delle pastiglie di zucchero, facendole passare per il miglior farmaco in circolazione al momento per la cura del suo disturbo. Il paziente lo prende e in men che non si dica sta benissimo. Come mai? Si è convinto a tal punto che la pasticca assunta sia miracolosa da farsi passare il mal di testa, dando il relativo comando al suo cervello.

Parliamo di dati scientifici: il placebo è la medicina più studiata al mondo perché l'effetto di ciascun farmaco viene confrontato con il suo. Ciò significa che una qualsiasi industria farmaceutica, per stabilire che un suo prodotto è realmente valido, ne prova l'efficacia confrontandola con quella del placebo. Per ogni farmaco, quindi, c'è stato almeno un test con il placebo.

Negli anni '70 Richard Bandler e Robert Dilts pensarono di commercializzare il placebo come farmaco in grado di curare ogni cosa. L'idea era di mettere in commercio confezioni contenenti pastiglie di zucchero che indicassero, in posologia, un infinito elenco di malattie per la cui cura era efficace.

Ovviamente glielo impedirono, altrimenti l'industria farmaceutica sarebbe andata in rovina. L'effetto del placebo è poi potenziato quando lo stesso medico curante non sa che si tratta di un bluff.

In questo caso, un presentatore farmaceutico dice al medico che la confezione di pastiglie di zucchero è il miglior ritrovato al momento in circolazione per il mal di testa; il medico, ovviamente, prende le informazioni per vere e lo prescrive al paziente, trasmettendogli la convinzione che, in breve, il mal di testa gli passerà. In questo modo ottiene il risultato di raddoppiare l'effetto placebo. Pensa alla potenza delle convinzioni! Ciò vuol dire che la convinzione trasmessa ha un effetto persuasivo assai maggiore del messaggio in sé.

Parlando degli stati cerebrali, si è visto, da alcuni esperimenti effettuati, che le cassette con messaggi subliminali funzionano per i pochi minuti che il cervello impiega a passare dallo stato di veglia (Beta) all'Alpha, al Theta e infine al Delta. Nella fase di discesa dal Beta al Theta sei ancora ricettivo e i messaggi esterni giungono anche al tuo inconscio, ma quando arrivi al Delta e ti addormenti, il tuo stato cosciente non riceve momentaneamente più nulla.

Se hai voglia di provare, fallo pure e poi fammi sapere se hai ottenuto dei risultati, perché può essere comunque una cosa interessante.

Sai che le potenzialità degli stati di rilassamento pare siano state addirittura sfruttate dall'esercito americano? Si pensava che entrando in stati di rilassamento molto profondi, praticamente una sorta di trance, fosse possibile acquisire una vista paranormale, il "remote viewing", che poteva permettere di spiare a distanza i propri avversari e conoscere le loro strategie. Si tentò di farlo durante la "guerra fredda" per localizzare le basi nemiche russe e individuare i luoghi nei quali venivano nascosti i missili. Anche in questo caso sperimentare vale più del sentir dire, quindi dovresti provare.

Durante un mio corso, ad esempio, abbiamo fatto un esercizio di modellamento, per cui una persona veniva ricalcata e una ricalcava. Quest'ultima doveva assumere la stessa posizione della prima, addirittura respirare nello stesso modo.

Ebbene, i due interessati hanno raggiunto un tale stato di rilassamento che c'è stata quasi, tra loro, una lettura del pensiero: l'uno ha trasmesso delle immagini all'altro. Alla fine ho chiesto a colui che ricalcava: «Secondo te, lui cosa sta immaginando?» Mi ha risposto: «Di rilassarsi su un divano e vedo questo divano». L'altro ha replicato: «È vero, è un divano! Come fai a saperlo?»

Come ti dicevo, c'è stata una trasmissione di immagini. È un caso? Una coincidenza? Non lo sappiamo e non ci interessa saperlo, la PNL infatti non si chiede i perché delle cose e non li spiega. D'altronde la scienza ci dice che sfruttiamo solo al 10 per cento le potenzialità del cervello e, forse, nel futuro riusciremo ad utilizzarlo appieno con nuove tecniche.

Bandler ironizza molto sul fatto che diversi scienziati pensano, sbagliando, di sapere tutto ciò che concerne il proprio settore. In proposito vale la pena ricordare che c'è stato un periodo, qualche decennio fa, in cui l'ottica era considerata ormai "chiusa", nel senso che si pensava di avere scoperto tutto ciò che c'era da scoprire. Poi sono stati identificati i fotoni, sono arrivati i laser e mille altre cose e l'ottica è tornata ad essere una scienza apertissima: non esiste una scienza chiusa!

Tornando al discorso del relax, ciò che deve realmente interessarti è come utilizzare la scala dei livelli da Beta a Delta per entrare in stati di rilassamento. Noi lavoreremo sugli stati Alpha per imparare ad accedere a stati di rilassamento dei quali poter usufruire anche nella vita quotidiana, rilassandoti e divertendoti in qualsiasi situazione ti trovi, senza essere legato alla necessità di isolarti completamente dal mondo.

Non è necessario imparare a memoria lo schema dei livelli, che serve solo a renderti consapevole del funzionamento del cervello. È una minima base teorica, una delle poche che ci sono in PNL.

**SEGRETO n. 3: il cervello umano sperimenta ogni giorno quattro diversi stati di coscienza: il Beta (veglia), l'Alpha (relax), il Theta (intuito) e il Delta (sonno). Tra il Beta e il Delta diminuisce gradualmente la frequenza delle onde cerebrali prodotte.**

Se già pratichi tecniche di rilassamento, va benissimo; grazie alla guida avrai occasione di impararne di nuove e avanzate, strategie segrete e ipnotiche ideate dai maestri fondatori della PNL. Questo ti darà l'occasione di poter scegliere, tra molte e diverse possibilità, il modo per te più giusto e adeguato di gestire lo stress. Non è un caso che io ti parli di "scegliere"; la vera scelta, infatti, si attua sempre tra almeno tre opportunità, altrimenti si tratta di un dilemma.

Personalmente ho tentato tutte le forme di rilassamento possibili, ho praticato le arti marziali e ho fatto meditazione, senza dire che ho letto centinaia di libri sull'argomento, per cui penso di saperne abbastanza. Nella vita di tutti i giorni, poi, cerco di utilizzare ciò che so nella maniera che risulti più utile e pratica per la maggior parte delle persone.

So che il rilassamento è fondamentale per star bene con se stessi e penso che, volendo, debbano essere messi in condizione di raggiungerlo anche coloro che non hanno molto tempo a disposizione per isolarsi e tentare forme di rilassamento più impegnative.

Se ci pensi, il sonno è una forma di rilassamento; se non dormi o dormi poco e male il giorno dopo ne risenti. Durante il sonno, infatti, il cervello rielabora dati e opera un reset delle informazioni assunte durante la giornata; quindi il sonno è molto utile. Se pensi a ciò che si dice, ossia che venti minuti di rilassamento ben fatto corrispondono a sei ore di sonno, puoi renderti conto dell'importanza di sapersi rilassare efficacemente.

Certo, ciò non vuol dire che puoi sostituire sistematicamente il sonno con il rilassamento, ma che, magari, in alcune occasioni in cui ne senti la necessità, puoi utilizzare questo stratagemma per recuperare il sonno perduto. Se una sera hai fatto tardi e il giorno dopo devi essere lucido e concentrato, è meglio fare quei venti minuti di rilassamento piuttosto che non farli, perché avrai comunque una risorsa in più di forza ed energia.

Parleremo poi delle varie fasi del rilassamento, che ho individuato nel **decollo**, **volo** e **atterraggio**. Si tratta della stessa metafora da me usata nella costruzione di un messaggio di public speaking: è necessario partire con una buona introduzione (decollo), parlare dei propri contenuti per punti essenziali (volo) e, soprattutto, fare una chiusura convincente (atterraggio).

In questo percorso vi sono alcune fasi più delicate di altre. In un viaggio aereo, ovviamente, il decollo è una parte importantissima, perché se va male si rischia la vita. Il volo prosegue più o meno uguale per tutto il tempo, si spera senza perturbazioni. Infine arriva l'atterraggio, un altro punto molto delicato e importante.

Vedremo nel particolare tutte e tre le fasi: come decollare, volare e atterrare bene.

È importante dire che ciascuna di esse è divisa in sottofasi che prevedono accorgimenti, tecniche segrete e ipnotiche che di volta in volta ti illustrerò, modellate un po' ovunque dai grandi maestri ed estremamente utili per raggiungere il rilassamento. Alla spiegazione teorica seguirà la trascrizione di una dimostrazione fatta in aula, perché tutto ti sia chiaro. Dopodiché metterai in pratica tu stesso le varie strategie con esercizi che ti proporrò di volta in volta. Questo perché la Programmazione Neuro-Linguistica è comunque un'arte assolutamente pratica.

Sarebbe inutile spiegarti teoria per ore, senza che tu abbia la possibilità di renderti conto se, nei fatti, una data tecnica funziona davvero per te. Finché non provi, non puoi esserne sicuro e oggi avrai un ampio ventaglio di opportunità fra le quali scegliere.

**SEGRETO n. 4: il rilassamento si compone di tre fasi essenziali, ossia il decollo, il volo e l'atterraggio; ognuna è**

**divisa in sottofasi che prevedono l'utilizzo di strategie utili per accedere allo stato di relax.**

Parleremo poi di come applicare queste tecniche ai fini della gestione dello stress. Questo è un argomento importante e interessante per un gran numero di persone, perché, come dicevo, al giorno d'oggi si va sempre di fretta. A me spesso capita di non riuscire a trovare tutto il tempo di cui avrei bisogno e questo mi porta, a fine giornata, ad essere teso e nervoso.

Personalmente penso di vivere certi momenti di stress perché ho troppe passioni: mi piace leggere, guardare video musicali e film, amo andare al cinema e mi rilassa guidare... Forse amo fare troppe cose!

Però avere molti interessi è anche un qualcosa di bello di cui non vorrei mai privarmi. Quindi non rinuncio a leggere un libro perché non ho tempo; so infatti che, se voglio, il tempo per le mie passioni lo trovo. Quando dico che negli ultimi sei anni ho letto quasi duemila libri, molte persone mi chiedono: «Come fai?

Dove trovi il tempo? Io non avrei il tempo di leggere tutti questi libri!»

Ti assicuro che non è questione di tempo, ma unicamente di motivazione. Infatti, quando frequentavo la facoltà di ingegneria e dovevo studiare libri di elettronica che parlavano di circuiti e altre cose assai tecniche e non particolarmente motivanti, sarà un caso, ma non trovavo mai il tempo di studiare.

Nonostante il fatto che conseguire la laurea fosse il mio focus principale in quel momento, preferivo fare altro piuttosto che leggere un testo che non mi interessava se non per superare l'esame.

Parleremo ora di alcune strategie utili per crearti maggiori spazi, per sfruttare meglio il tempo e sentirti più motivato nei confronti delle attività che devi svolgere ogni giorno. Stephen R. Covey, uno dei maggiori esponenti nel campo del time management, ha teorizzato l'esistenza di due pilastri fondamentali nella gestione del tempo: le **cose urgenti** e le **cose importanti.** Capire la distinzione tra "urgente" e "importante" è ciò che fa la differenza per un uso razionale del tempo a propria disposizione. Covey fraziona le attività giornaliere di ognuno in quattro quadranti.

| | URGENTE | NON URGENTE |
|---|---|---|
| | **1** - ATTIVITÀ:<br>Crisi<br>Problemi pressanti<br>Programmi in scadenza<br><br>RISULTATI:<br>Stress, Crisi gestionale,<br>Pressione continua, Salute<br>a rischio | **2** - ATTIVITÀ:<br>Pianificazione<br>Prevenzione<br>Sviluppo di relazioni<br>Individuazione<br>Opportunità<br><br>RISULTATI:<br>Equilibrio, Controllo,<br>Crescita, Visione |
| | **3** - ATTIVITÀ:<br>Interruzioni<br>Parte Telefonate/Posta<br>Parte Riunioni, Rapporti<br>Faccende urgenti<br>Attività importanti per altri<br><br>RISULTATI:<br>Focus su obiettivi a breve,<br>relazioni superficiali,<br>obiettivi e progetti privi di<br>validità | **4** - ATTIVITÀ:<br>Faccende banali<br>Parte Telefonate<br>Parte Corrispondenza<br>Gente che fa perdere tempo<br><br>RISULTATI:<br>Totale irresponsabilità,<br>Dipendenza da altri per<br>necessità primarie,<br>Licenziamento a rischio |

Vi sono le "urgenti e importanti", come pagare una bolletta o medicare una ferita; le "importanti ma non (apparentemente) urgenti", ovvero cose che andrebbero fatte ma che spesso tendiamo a rimandare perché non ci appaiono urgenti, come studiare o dormire; le "urgenti ma non importanti", ovvero cose che potremmo tranquillamente delegare, ma che facciamo in prima persona, o perché non sappiamo dir di no o per compiacere qualcuno; infine, le "non importanti e non urgenti", ovvero i passatempi, come navigare in internet a casaccio, che ci attirano quando dovremmo fare qualcos'altro ma non ne abbiamo voglia.

Il suggerimento che ci dà Covey è di stare nel quadrante **"Importante ma non urgente"**, in modo da progettare e organizzare con calma i nostri impegni. Corrisponde all'idea che le cose importanti devono essere fissate a lunga scadenza, quindi molto tempo prima, in momenti precisi della settimana, e si deve fare il possibile per non procrastinarle.

Solo così si riesce a far sì che la cosa considerata "non urgente", ma importante, stia in piedi in mezzo a quelle urgenti (che siamo costretti a fare comunque). Impresa, a dire il vero, non sempre facile.

Ovviamente, quando segui attività che rientrano nel quadrante dell'urgente, come procedi? Con molta ansia, perché non hai il tempo di organizzarti e questa è certamente una fonte di stress. Se non hai ben pianificato, non puoi lavorare bene, anche se l'impegno è urgente. Quindi ti consiglio di farlo, altrimenti non otterrai buoni risultati. Quando invece si tratta di attività che consideri realmente importanti per la tua vita, non hai questa urgenza, quindi puoi permetterti di stabilire con calma quali siano i tuoi obiettivi e ideare una strategia per raggiungerli.

Se gestisci un'azienda puoi pianificare dei traguardi e degli obiettivi a breve, medio e lungo termine e fare in modo di raggiungerli. Ovviamente ci sono delle vie di mezzo. Alcune cose, infatti, sono sia importanti che urgenti, altre, invece, non sono né importanti né urgenti. In tal caso ti conviene dotarti di un team di collaboratori e delegare loro, se è possibile, i compiti come rispondere alle telefonate dei clienti, alle email o altro.

È fondamentale, però, intenderci sulla differenza tra urgente e importante. La maggior parte delle persone vive nell'urgenza, ed è questo che crea stress. Questa guida ti proporrà una serie di strategie che ti aiuteranno a vivere nell'importanza e nella pianificazione. A questo scopo useremo uno strumento molto conosciuto nella Programmazione Neuro-Linguistica, di cui ti accennavo all'inizio, ossia la **time-line**, la linea del tempo. Questa aiuta, appunto, a gestire nel miglior modo possibile il proprio tempo. Come sai, la Programmazione Neuro-Linguistica studia le migliori strategie per ottenere risultati che siano efficaci in ogni situazione e la time-line è a buon titolo una di queste.

Ad essa assoceremo un'altra tecnica, quella dell'**ancoraggio**, importante di per sé, ma soprattutto utile per comprendere alcuni aspetti della time-line; useremo infatti l'ancoraggio all'interno della time-line. Forse ne avrai già sentito parlare per singole applicazioni, ad esempio nel corso *Obiettivi*.

Però, nello studio della time-line, partiremo da zero, fino a giungere a percorsi e strategie avanzate di utilizzo. Voglio che tu possa conoscere bene e utilizzare in maniera pratica questo strumento ed è per questo che farai tanti esercizi, come normalmente succede in tutti i corsi di PNL.

**SEGRETO n. 5: per una buona gestione del proprio tempo è fondamentale distinguere tra ciò che è urgente e importante e aiutarsi con gli strumenti della time-line e dell'ancoraggio.**

In apertura di capitolo abbiamo enumerato svariate cause di stress, come i problemi sul lavoro o le urgenze familiari. La PNL, tuttavia, ha fatto un passo avanti studiando la componente soggettiva dello stress, ossia il modo in cui viene percepito da ogni singola persona. Ne è scaturito il grafico di questa pagina.

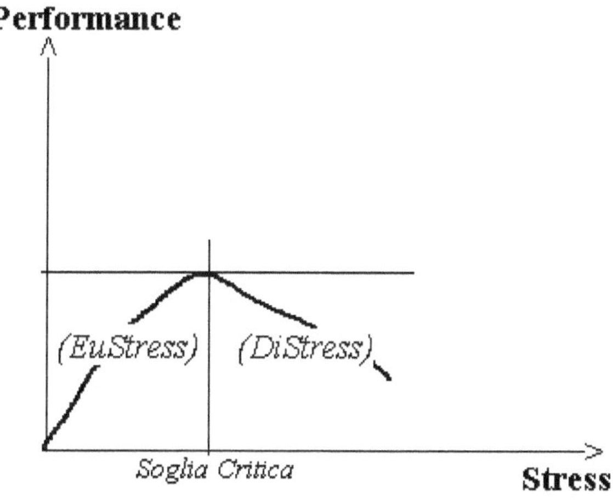

In esso trovi schematizzate varie tipologie di stress in relazione a una performance; abbiamo quindi l'**eustress**, inteso come stress positivo (dal greco *eu*, che significa bene), e il **distress**, stress negativo (dal greco *dis-*, che indica qualcosa di negativo e distruttivo). Essi sono separati da un confine detto **soglia critica**.

Prendi ad esempio un colloquio di lavoro o un public speaking. Quando devi parlare in pubblico un po' di stress è necessario, perché ti aiuta a far crescere la qualità della tua prestazione. In sintesi, l'aumento dello stress, fino a un certo segno, è direttamente proporzionale all'aumento di efficacia della tua prestazione. Immagina se così non fosse. Io dico sempre che il giorno in cui, facendo formazione, non mi sentirò affatto stressato, smetterò di farla, perché vorrà dire che non sono più motivato, non ho più carica né energia.

Pensa se entrassi in aula dicendo a me stesso che, in fondo, è il duecentesimo corso che faccio, che ho davanti sempre il solito pubblico e mi annoio da morire. Sai cosa succederebbe? Mi metterei a braccia conserte e capo chino e, con tono dimesso, direi ai miei allievi: «Buongiorno... benvenuti... oggi sono davvero contento… di essere qui con voi, perché siete un pubblico eccezionale… il migliore che abbia mai avuto…». Sarei assai poco convincente, oltre che completamente incongruente, e tutti si accorgerebbero che, in realtà, non penso quello che sto dicendo.

Infatti, se, entrando in aula, dicessi a me stesso che ormai per me è una cosa normale, abituale, che non ho alcun interesse a stare lì e se lo faccio è solo perché sono costretto da un impegno preso, la mia prestazione certo ne risentirebbe. La qualità del mio lavoro sicuramente non sarebbe molto alta, perché non ci metterei la mia carica e il mio entusiasmo, che è quello che, nell'insegnamento come in ogni campo, fa davvero la differenza.

Quindi un minimo di stress iniziale, che rientri nei limiti dell'eustress, è del tutto positivo. Diventa negativo quando tende a sopraffarmi, facendo arrivare in prossimità dello zero la qualità della mia prestazione di lavoro. Per cui, ad esempio, arrivo in aula dai miei allievi e inizio ad agitarmi tanto che, con voce stentorea e tremolante, dico loro: «Buongiorno e benvenuti, oggi parleremo di relax, perché bisogna essere rilassati nella vita, siete d'accordo?» Sarei assolutamente incongruente! In questo caso parliamo di **distress**, ossia stress eccessivo e, quindi, negativo.

Nel grafico sullo stress, come ti anticipavo, puoi notare l'esistenza di un punto, definibile come "soglia critica", che divide l'eustress dal distress. Quando l'eustress, ovvero lo stress positivo, arriva oltre il suo culmine, quindi supera la soglia critica, si trasforma in distress, ovvero stress negativo. L'efficacia della prestazione, infatti, raggiungerà il suo apice nel picco dell'eustress, momento nel quale si è al massimo della propria carica emotiva positiva, superato il quale la prestazione inizierà a scendere, perché lo stress, fino a quel punto positivo, ha, ahimè, virato nel distress. Superata la soglia critica, quindi, si inizia a perdere colpi; inoltre non solo ci si stressa ma si trasmette anche il proprio stress agli altri.

Per cui lo stress che avverti sino al raggiungimento della soglia critica è quello che ti fortifica, ti dà energia e ti permette di trasmettere sicurezza, entusiasmo e motivazione, coerentemente con quello che stai insegnando. Al di là di questo punto inizi invece ad avvertire e a trasmettere stress negativo. Quindi è necessario che impari a gestire il tuo stress per sfruttarne solamente gli aspetti positivi e limitare gli effetti negativi.

Con ciò non voglio dire che lo stress vada eliminato, anche perché non saresti in grado di rimuoverlo del tutto. Il grande Bandler ce lo ricorda con una delle sue frasi più celebri; a un suo allievo che gli chiedeva quale fosse la metodica più efficace per eliminare lo stress rispose: «Vuoi eliminare lo stress? Bene, allora sparati, vedrai che così non sarai più stressato!» Con il suo modo colorito Bandler ti vuole dire che, finché sei vivo, sarai stressato come lo sono tutti, però puoi acquisire la capacità di gestire lo stress e di mantenerlo entro la soglia critica. Infatti, come sai, finché lo contieni entro questi argini sarà stress buono, quindi potenziante.

**SEGRETO n. 6: in relazione a una performance vi sono essenzialmente due tipologie di stress, divise da una soglia critica: l'eustress, ovvero lo stress positivo che migliora la propria prestazione, e il distress, stress negativo, che la peggiora.**

Questa distinzione è importantissima da capire e per farlo ci avvaliamo di alcuni esempi riportati da Bandler che riguardano persone stressate con cui ha lavorato. Racconta infatti che, tempo fa, un padre entrò nel suo studio, tremante e assai agitato, tenendo per mano sua figlia ed esclamò: «Dottore, la prego, mi aiuti, perché mia figlia è una sgualdrina». E Bandler, con atteggiamento un po' canzonatorio e irriverente, rispose: «Caro signore, la ringrazio ma io sono già a posto!»

Il padre, sconvolto, replicò: «Credo non mi abbia capito, non volevo dire questo, non le voglio certo proporre mia figlia, anzi! Sono turbato perché, nonostante sia molto giovane, ha già trovato un ragazzo e rientra sempre molto tardi, mentre, invece, io vorrei che rincasasse presto».

Bandler proseguì: «Quindi, se ho ben capito, lei vorrebbe che insegnassi a sua figlia a prendere esempio dal suo comportamento. Ciò vuol dire che le dovrei far capire che gli uomini la devono maltrattare, perché è esattamente questo che ora lei sta facendo, tenendola per un braccio e strattonandola». In questo modo Bandler ristruttura il problema e lo gira in modo di far capire al padre che il responsabile della sua ansia non è altri che se stesso.

«Sua figlia è una brava ragazza ed è giusto che, alla sua età, abbia le prime esperienze affettive. Magari le piace il ragazzo con cui esce o, addirittura, ne è innamorata. Le pare giusto spezzare tutto questo per imporle un modello di uomo che vuole sottomettere e maltrattare le donne?»

Un altro esempio di forte stress riguarda un suo cliente, che un giorno corse da lui dicendogli: «Sono stressatissimo, ho un problema molto grave: quando guardo dei film, vedo uscire i personaggi dal televisore!». Bandler rispose: «Beh, interessante questa cosa. Ma, in particolare, di quali personaggi si tratta?» «Dei protagonisti de *La casa nella prateria*. In particolare c'è quella ragazzina, Mary, che mi perseguita, mi segue dovunque io vada!» «Ah… interessante... questa è una fobia, una paranoia che vale milioni di dollari». L'uomo, sconvolto, esclamò: «No, macché! Io sono stressatissimo da questa cosa, altro che milioni di dollari, mi aiuti!»

Ma Bandler non si scompose e seguitò dicendo: «Mi devi dire esattamente come fai, perché questa cosa potrebbe renderci milioni! Tu hai questa capacità, giusto? Allora pensa se, invece che *La casa nella prateria*, guardassi Playboy Channel!! Potremmo insegnare il meccanismo ad altre persone e far sì che non debbano più star sole. Potrebbero usufruirne anche le persone sposate, senza per questo far nulla di male. Potrebbe diventare un business che vale milioni, altro che stress!» «Ah… interessante… Beh, forse preferirei tenere per me la mia strategia!»

Pensa, da ben cinque anni quest'uomo cercava disperatamente di risolvere il suo problema, ma un attimo dopo aver parlato con Bandler era talmente preso dall'idea di farci dei soldi che non voleva parlarne più neanche a lui, tanto che uscì dallo studio tutto contento.

Questo è il modo che Bandler utilizza per affrontare lo stress e nel corso di questa guida ti farò svariati esempi che trasmettono molto sull'atteggiamento mentale che i grandi maestri assumono.

RIEPILOGO DEL GIORNO 1:

- SEGRETO n. 1: nella società di oggi non si ha mai il tempo necessario per rilassarsi e le metodiche tradizionali per raggiungere il relax o gestire lo stress richiedono un impegno troppo intenso per essere seguite con costanza.

- SEGRETO n. 2: è possibile utilizzare al meglio il tempo anche nelle situazioni più banali e noiose, trasformandole in occasioni per rilassarsi.

- SEGRETO n. 3: il cervello umano sperimenta ogni giorno quattro diversi stati di coscienza: il Beta (veglia), l'Alpha (relax), il Theta (intuito) e il Delta (sonno). Tra il Beta e il Delta diminuisce gradualmente la frequenza delle onde cerebrali prodotte.

- SEGRETO n. 4: il rilassamento si compone di tre fasi essenziali, ossia il decollo, il volo e l'atterraggio; ognuna è divisa in sottofasi che prevedono l'utilizzo di strategie utili per accedere allo stato di relax.

- SEGRETO n. 5: per una buona gestione del proprio tempo è fondamentale distinguere tra ciò che è urgente e importante e aiutarsi con gli strumenti della time-line e dell'ancoraggio.

- SEGRETO n. 6: in relazione a una performance vi sono essenzialmente due tipologie di stress, divise da una soglia critica: l'eustress, ovvero lo stress positivo che migliora la propria prestazione, e il distress, stress negativo, che la peggiora.

# GIORNO 2:
## Induzioni Semplici e Complesse

Nell'ipnosi segreta fare un buon decollo è un passo necessario per entrare in stati di rilassamento profondi. Per riuscire nel tuo intento devi imparare a rilassarti e per farlo devi usare un certo tipo di linguaggio ipnotico, sia che lo faccia per te stesso sia che tu voglia far rilassare altre persone, e lo vedremo in pratica utilizzando tecniche e strategie ideate dai fondatori della PNL.

Nell'idea del decollo c'è molto dell'insegnamento di Milton Erickson, il grande ipnoterapeuta del secolo scorso il cui comportamento durante le sedute fu studiato e modellato da Bandler e Grinder. Fu uno dei primi grandi geni della storia che modellarono, perché otteneva dei risultati incredibili e riusciva, soltanto parlando e raccontando storie, a risolvere problemi e a migliorare la condizione delle persone facendole star bene.

Eppure Milton Erickson era paralizzato. Ridotto su una sedia a rotelle, muoveva a malapena una mano. Per questo motivo la sua componente non verbale, così importante nella comunicazione, era quasi nulla. Anche con il paraverbale, purtroppo, aveva difficoltà, in quanto non riusciva a modulare molto la voce per sottolineare i passaggi più importanti del suo discorso. In pochi sanno che usava a questo scopo uno stratagemma, che era quello di girare leggermente la testa per modulare il suono della sua voce e farla giungere da angolazioni diverse.

In generale utilizzava quasi esclusivamente la componente verbale, ossia le sue parole. Partendo da esse è stato costruito il "Milton Model", un modello (estratto da Milton Erickson) valido per creare stati di rilassamento ed entrare in sintonia con le persone. Vedremo come fare attraverso la trascrizione di una dimostrazione che ho fatto in aula.

****************************************************

GIACOMO: Per fare questa dimostrazione sul rilassamento, ho bisogno di una persona che voglia aiutarmi, qualcuno di voi è disponibile? Simone? Bene, facciamogli un applauso.

Simone vuole aiutarmi ad accedere a uno stato di relax. È importante concentrarsi sull'uso del linguaggio, va bene?

SIMONE: Sì.

GIACOMO: Noterete che, nel fare l'esercizio, io rimango sempre a occhi aperti, perché, diversamente da altre arti, così si lavora per imparare a rilassarsi in qualsiasi situazione quotidiana. Ora io penserò a una mia esperienza del passato.

SIMONE: Sì.

GIACOMO: Sto immaginando di essere in vacanza in un villaggio turistico. Tu devi dirmi alcune frasi che possono essere sicuramente vere in riferimento a questa esperienza. Si chiamano **truismi**, poi vi spiegherò esattamente come funzionano e cosa significano. Mi devi dire cose che sicuramente possono essere presenti nel mio ricordo e nella mia esperienza. Così, ora, mentre sto pensando al mio ricordo, dimmi una decina di frasi che hanno sicuramente a che fare con la mia esperienza.

SIMONE: Immagini di passeggiare lungo un viale del villaggio nel quale sei stato in vacanza, indossi delle scarpe da mare e ne avverti la sensazione mentre vai in direzione della spiaggia. Mentre procedi ti accorgi che fa molto caldo, perché siamo in un periodo estivo. Senti le voci delle persone che camminavano intorno a te e intanto pensi che tra breve ti rilasserai. Ora che stai camminando sulla spiaggia, la sabbia ti trasmette una sensazione di calore e intanto ti avvicini al tratto di mare nel quale di solito fai il bagno. Poi... non so che altro dirti!

GIACOMO: Va bene. Avete guardato le mie reazioni alle sue parole? Le espressioni del viso? Cosa avete notato? Il sorriso, e poi? Secondo voi quello che ha detto corrispondeva esattamente a quello che avevo in mente? Non proprio? Ogni tanto sì e ogni tanto no? Secondo te hai detto tutte cose giuste?

SIMONE: No, sicuramente alcune erano sbagliate.

GIACOMO: Per esempio, Simone ha iniziato dicendo: «... stai passeggiando lungo un viale e vai in direzione della spiaggia...», ma questo non corrispondeva alla mia esperienza, perché, nella mia mente, io ero già in spiaggia. Non che lui debba saperlo per forza, anzi, non può saperlo! Poi ha detto: «… indossi le scarpe da mare e ne avverti la sensazione…», e ho pensato: «No, se sono in spiaggia sono già senza scarpe», tra l'altro mi è venuto da ridere, perché ciò che mi ha detto non c'entrava nulla con l'esperienza che avevo in mente. Dopodiché mi ha parlato della sensazione del calore, che nella mia esperienza c'era assolutamente, e infine del mare, restando però abbastanza sul vago.

Cerchiamo di capire cosa funziona e cosa meno. Simone doveva cercare di ricalcare la mia esperienza, ovvero, restando il più vago possibile, fare una sorta di lettura del mio pensiero. Alcune delle cose che mi ha detto potevano non far parte della mia esperienza e, quindi, non funzionare.

Simone, quando dici: «… indossi le scarpe e ne avverti la sensazione…», non è necessariamente vero che io abbia le scarpe, quindi era un'affermazione a rischio. Al contrario i truismi, dall'inglese *true*, che in italiano significa "vero", sono verità assolute, che non possono essere confutate.

Poi mi hai parlato della sensazione di calore... Beh, questo andava benissimo perché nella mia esperienza c'era sicuramente! Sono in spiaggia, al mare, d'estate, quindi è sicuramente vero. Che io indossi le scarpe, al contrario, può non essere vero. Quindi, se vuoi entrare in sintonia con me per farmi accedere a stati sempre più profondi di rilassamento, devi dirmi cose sempre e assolutamente vere, che rispecchino più fedelmente possibile la mia esperienza interiore.

Il segreto per riuscire in questo esercizio sta nel mantenersi sul generico. Simone doveva rimanere più possibile nel vago nel descrivere la situazione, perché mi avrebbe dato modo di farla aderire all'esperienza che avevo in mente. Il fatto che mi abbia parlato di sensazioni va più che bene, perché devo avere per forza qualche sensazione, mentre andando nel dettaglio e parlandomi delle scarpe che indossavo ha commesso un errore, deviando senza rimedio dall'esperienza che avevo in mente.

L'esercizio sui truismi serve sia se volete far rilassare un'altra persona sia se state rilassando voi stessi. In questo caso stiamo facendo delle dimostrazioni a coppie, perché non avrebbe senso farle da solo, serve per farvi capire il metodo: essere vaghi, mai troppo precisi. Utilizzare il "Milton Model" significa essere vaghi, perché più si è vaghi più probabilità si hanno di azzeccare le caratteristiche dell'esperienza che l'altra persona ha in mente.

Proviamo ora a fare l'esercizio sull'esperienza che stiamo vivendo attualmente. Dimmi una serie di truismi, ossia di frasi sicuramente vere e inconfutabili, riguardo ad essa. Ad esempio: «Sei seduto su una sedia», è vero, tutti i presenti possono vederlo coi loro occhi.

SIMONE: Sei seduto su una sedia e contemporaneamente senti la mia voce descriverti la situazione in cui ti trovi. Indossi il vestito che di solito utilizzi per fare i corsi, avverti la sensazione del colletto della camicia e la pressione delle tue dita appoggiate sulla gamba destra mentre tieni il pugno stretto sulla gamba sinistra. Scendendo giù per le gambe, arriviamo ai piedi e senti anche la sensazione delle scarpe nere che hai indossato oggi per venire qui al lavoro.

GIACOMO: Va bene, è stato bravo? Bravissimo, ha detto tutte cose vere, tranne quella del pugno, che non è stretto ma, anzi, è molto rilassato. Però è stato vago e ha ricalcato cose inconfutabili, che tutti potete vedere, ed è stato bravo nel portare la mia attenzione su quello che voleva. Io, ad esempio, non avevo la sensazione delle scarpe, ma nel momento in cui mi ha detto: «… senti la sensazione delle scarpe…», l'ho sentita. Quindi, a maggior ragione, a quel punto era vero e ha contribuito a costruire la mia fiducia, la mia sintonia con lui che stava dicendo queste cose.

Quindi procedi così: mi dici un po' di cose sicuramente vere, un po' di truismi sull'esperienza attuale e poi le leghi a cose che non sono necessariamente vere, ma che riguardano il mio stato di rilassamento. Va bene, ti è chiaro l'esercizio?

SIMONE: Sì, assolutamente.

GIACOMO: Ad esempio: «Sei seduto su questa sedia e pian piano ti rilassi», quindi passi *da un aspetto esterno a un aspetto interno*. Mi dici un po' di cose sicuramente vere esterne e un po' di cose interne e ricorda, sulle cose esterne, di essere il più vago possibile.

SIMONE: Quando inizio con le cose interne?

GIACOMO: Dopo circa cinque, sei cose esterne.

SIMONE: Allora, riprendo. Mentre sei seduto su questa sedia, senti la mia voce descriverti l'esercizio che sto iniziando a fare e che mi hai appena spiegato. Indossi il completo che hai messo stamattina per venire qui a lavorare e avverti la sensazione del collo della camicia che stai indossando. Contemporaneamente, mentre ti descrivo la situazione nella quale ci troviamo, inizi lentamente a rilassarti anche se hai gli occhi aperti per controllare tutti. Mentre ti rilassi, ti rendi conto di avere la mano destra poggiata sul bracciolo della sedia e senti che il braccio è sempre più rilassato. Contemporaneamente scendiamo giù per le gambe e inizi ad avvertire la sensazione delle scarpe che hai indossato per venire qui al lavoro, mentre senti che stai comodamente appoggiato a terra con il piede. Sei seduto sulla sedia e continui sempre più a rilassarti.

GIACOMO: Va bene, fermati prima che non riesca più ad alzarmi! È stato bravo? Molto. L'esercizio consiste in questo: si enumerano una serie di dati esterni per passare poi a dati interni. Quindi le prime frasi sono di ricalco: «Mentre sei seduto su questa sedia, senti la mia voce... avverti la sensazione del collo della camicia... inizi lentamente a rilassarti anche se hai gli occhi aperti per controllare tutti...». Ricordate la funzione della voce, perché più è coerente con il messaggio che state trasmettendo e meglio è. Quindi, se volete trasmettere stati di rilassamento, siate rilassati.

Bandler ci racconta anche che nei vecchi libri di ipnosi si dice che la voce dell'ipnotista deve essere assolutamente monotona, così da annoiare. Tuttavia, a suo parere, questa è una gran stupidaggine, infatti, nell'applicare tecniche ipnotiche, la voce va utilizzata in maniera molto consapevole.

Per cui, se vuoi suscitare in qualcuno uno stato di rilassamento, devi parlargli con voce bassa e suadente; se vuoi annoiarlo, con voce monotona; infine, se vuoi infondergli coraggio e sicurezza, con voce ferma e dal tono alto. Con ciò voglio dirti che puoi utilizzare la voce in maniera differente a seconda dallo stato d'animo cui vuoi guidare la persona che stai rilassando e che vuoi estrarre.

Puoi eseguire questo esercizio anche singolarmente, come forma di rilassamento individuale, qui lo vediamo realizzato a coppia solo per capire il meccanismo. Quindi puoi arrivare ad autorilassarti dicendoti: «Mentre sono qui e guardo tutti, mi rilasso e mi sento sempre più rilassato». Ora vedremo questo meccanismo ancor più nel dettaglio.

Bandler consiglia di prepararsi una scaletta delle cose da dire, di decidere, ad esempio, di nominare in una prima fase cinque cose esterne e nessuna interna, poi in una seconda fase quattro esterne e una interna, tre esterne e due interne e così via, fino ad arrivare all'estremo opposto, ovvero nessuna cosa esterna e cinque interne. Questa è un'idea modellata da Milton Erickson e da sua moglie, Betty Erickson, grande ipnoterapeuta esperta di autoipnosi e di stati di rilassamento individuali.

Inizialmente vi serve riferirvi a esperienze esterne sicuramente vere per entrare in rapporto, in sintonia con voi stessi o con la persona che state rilassando. È come dire: «Se è vero che le cose stanno così, è altrettanto vero che posso iniziare a rilassarmi». Dopo aver parlato di cose esterne si passa alle interne; la persona ormai ha fiducia in voi o voi avete fiducia in voi stessi e vi rilassate. A questo punto si "esce", tornando sugli aspetti esterni e infine si passa di nuovo agli interni arrivando, a questo punto, a uno stato di rilassamento maggiore del precedente.

Simone si è comportato esattamente così, facendomi un paio di cicli di rilassamento. In un primo momento ha nominato un po' di cose esterne, poi è passato alle sensazioni interne. È poi tornato all'esterno parlandomi della gamba e di varie altre cose, e di nuovo sull'interno andando, stavolta, più in profondità. Il secondo ciclo, infatti, l'ho sentito come molto più forte, il mio rilassamento era più intenso. Questo è molto importante.

Tra l'altro ha usato un'ambiguità linguistica degna dei grandi maestri della PNL quando mi ha detto: «Adesso scendiamo giù per le gambe…». Il termine "scendiamo" è stato il più azzeccato per farmi davvero "scendere", ancora più profondamente, in uno stato di rilassamento. Tra l'altro ha detto: «Scendiamo sulle gambe», se avesse detto: «Scendi all'interno di te stesso», trovandomi in uno stato di rilassamento già abbastanza buono, mi avrebbe fatto crollare del tutto!

Il termine "scendiamo", nel mio caso, ha avuto una forte risonanza a livello interiore, anche se poi era legato allo scendere sulle gambe. È stato un'ancora per arrivare a uno stato di rilassamento più profondo. Quindi, ricorda, inizia con aspetti esterni per poi arrivare agli interni.

Ora prova a procedere come ti ho detto: dimmi cinque cose esterne e quattro interne; quattro esterne e una interna e così via, va bene?

SIMONE: Sì, va bene.

GIACOMO: Ti sto mettendo alla prova, eh? Coraggio, proviamo.

SIMONE: Ricomincio a descriverti la situazione in cui ti trovi ora mentre svolgiamo l'esercizio. Vedo che sei seduto comodamente sulla sedia e indossi la giacca che hai messo stamattina per venire qui al lavoro, porti le scarpe nere che hai scelto e la camicia azzurra che hai deciso di indossare. Oggi, *invece*, la senti molto comoda e questo ti fa rilassare sempre di più. Tieni il braccio destro comodamente appoggiato sul bracciolo della sedia e ti accorgi che è molto rilassato, così come la mano. Ricordi di aver indossato, oggi, la cintura che, *invece*, la volta scorsa non hai messo e, intanto, ti senti sempre più rilassato.

Mentre descrivo ciò che stai facendo, iniziamo anche a scendere… e dalle gambe arriviamo ai piedi. Vedo che indossi dei calzini scuri e, mentre te lo faccio notare, ricordi che stamattina li hai scelti fra gli altri e li hai infilati. Erano di un morbido cotone e, nell'indossarli, ti sei subito sentito più tranquillo e rilassato. E così via…

GIACOMO: E così via. Va bene, questa è la struttura giusta. C'erano degli "invece" che, secondo me, stonavano un po'. Non ricordo neanche quando li hai usati perché, vedete, quando siete in uno stato di rilassamento, non ricordate tutte le parole che ha usato colui che vi ha indotto lo stato. Questo tanto più se sta ricalcando la vostra esperienza, quindi vi guida da una parte all'altra del vostro corpo, da una sensazione all'altra, in questo caso dalla sensazione della camicia a quella delle scarpe. Vi lasciate andare e non lo state più ad ascoltare, non pensate più a ciò che dice, perché sentite che c'è sintonia, c'è fiducia. Però gli "invece" li ho notati, perché spezzavano la continuità, quindi attenti al linguaggio che utilizzate.

Simone inoltre ha fatto sin dall'inizio qualcosa che ancora non ho spiegato ma che, invece, è molto importante. Gli ho chiesto solo di fare delle affermazioni riguardanti la mia esperienza, ad esempio dire: «Sei seduto sulla sedia», oppure: «Senti la sensazione del colletto sul collo», o ancora: «Senti le scarpe ai piedi».

Lui ha fatto qualcosa in più e penso lo abbiate notato tutti; ha legato queste frasi dicendo: «*Mentre* avverti la sensazione di portare la giacca *e* ti accorgi che avverti anche quella di calzare le scarpe... *Mentre* porti l'attenzione sui piedi *e* ti accorgi di essere sempre più rilassato...». Ha fatto una serie di affermazioni sicuramente vere, quindi una serie di truismi, e li ha legati con delle congiunzioni, ossia "e", "mentre", "perché", "più e più", "contemporaneamente" o, ancora, "mentre fai questo fai anche quell'altro". In PNL queste congiunzioni prendono il nome di **transizioni** e fanno sì che l'esperienza che viene raccontata abbia una fluidità infinita. Elencare una serie di affermazioni a sé stanti, infatti, stonerebbe con la necessità di continuità che l'esercizio richiede.

Altra cosa importante sta nel fatto che unire suggestioni esterne e interne attraverso le transizioni crea credibilità alle interne. Quindi, se dici una serie di cose esterne sempre e sicuramente vere, confermabili, la fiducia che crei nei tuoi confronti farà sì che la persona ti creda quando passerai a parlare delle interne, non verificabili.

Quindi se lui mi dice: «Mentre sei seduto qui e tieni la mano poggiata sulla gamba, avverti una sensazione di tranquillità e ti rendi conto di rilassarti sempre di più», io automaticamente, per il solo fatto di essere effettivamente seduto e avere la mano poggiata sulla gamba, mi sentirò più rilassato. Ed è straordinario, perché mentre le prime affermazioni «... sei seduto qui e tieni la mano poggiata sulla gamba...», sono sicuramente vere e verificabili, sono dei truismi, le seconde «... avverti una sensazione di tranquillità e ti rendi conto di rilassarti sempre di più...», non lo sono, si tratta di sensazioni e, in quanto interiori, non sondabili.

Inoltre, se ci pensate, non c'entra nulla il fatto che sia seduto sulla sedia e tenga la mano poggiata sulla gamba con il fatto di provare una sensazione di rilassamento. Ma dato che la mia mente legge le prime due affermazioni come vere, ritiene tali anche le altre, per una questione di continuità, tanto più se le frasi sono legate da transizioni.

Questa tecnica segreta, modellata da Milton Erickson, è una delle più utilizzate anche nella vendita e, in quest'ambito, viene definita con un nome particolare, ossia come **teoria del campo affermativo**. Significa che il bravo venditore, per prepararsi un terreno ottimale alla sua vendita, deve far dire di sì al suo cliente più di una volta, facendogli domande banali alle quali è scontato che risponda di sì.

Poniamo che tu sia un venditore di automobili, se ci tieni a concludere l'affare metterai in atto la teoria del campo affermativo e chiederai al tuo cliente: «Lei ci tiene alla sua sicurezza?», è assolutamente ovvio che ti risponda: «Sì che ci tengo!» Ma non ti fermi al primo sì, vai avanti e insisti: «Quindi tiene anche a quella della sua famiglia?» Lui non potrà che risponderti: «Sì, è chiaro che ci tengo!» A questo punto inserisci la proposta concreta nella tua strategia di vendita e affermi: «Bene! Allora ho la macchina perfetta per lei, perché ha l'airbag, l'abs ed è spaziosa per tutti: qui c'entrano anche otto bambini!» Più volte fai dire di sì alla persona, più diventa vera e credibile l'ultima affermazione, l'ultima suggestione. Nel caso visto nell'esempio, il cliente sentirà come più adeguato a sé il prodotto che gli sto vendendo.

A proposito della teoria del campo affermativo Bandler ci dice: «Dovete essere talmente convincenti da far sì che i vostri clienti sprizzino il sì da tutti i pori! Ogni fibra dei loro muscoli deve dire di sì perché li avrete abituati a farlo con domande retoriche che presuppongono un sì». Il meccanismo che Simone ha utilizzato per rilassarmi è lo stesso: mi ha detto una serie di cose inconfutabilmente vere che riguardano la mia esperienza attuale e alcune suggestioni interne che ho ricevuto per vere per continuità con le prime.

Il segreto, quindi, è legare affermazioni esterne e suggestioni interne e, soprattutto, distinguere i truismi dalle affermazioni non verificabili, quindi le cose inconfutabilmente vere da quelle che non lo sono. Ci sono poi delle affermazioni a rischio che vanno assolutamente evitate. Se lui mi dice: «Senti il battito del tuo cuore…», io non lo sento e, anzi, mi preoccupo pure. Ancora, se afferma: «Senti la sensazione piacevole dei tuoi piedi nelle scarpe…», e magari con queste scarpe eleganti i piedi mi stanno tutti compressi e mi sento scomodissimo, non azzecca l'esperienza che ho in mente.

Con questo voglio dirti che c'è sempre un margine di rischio, quindi, per andare il più possibile sul sicuro, devi raccogliere, in via preliminare, un buon numero di informazioni. Ovviamente, quando farete autorilassamento, che poi è l'obiettivo del corso, non avrete di questi problemi, perché non potete sbagliare su voi stessi, le vostre sensazioni le sentite e le conoscete. Ad ogni modo, in genere, più si è vaghi e meglio è.

Facciamo un applauso a Simone perché se lo è meritato.

**************************************************

**SEGRETO n. 7: la tecnica dei truismi, anche detta del campo affermativo, mira a creare sintonia con l'interlocutore ricalcandone l'esperienza interiore.**

L'esercizio è semplice: devi elencare una serie di truismi, ovvero cose sicuramente, certamente e inconfutabilmente vere, che riguardano l'esperienza della persona che stai rilassando. Facendo l'esercizio ti renderai conto di quali affermazioni funzionano meglio e quali meno perché troppo specifiche. Ad esempio, quando ho fornito a Simone lo spunto del villaggio turistico, lui mi ha parlato della sensazione del "calore". Ebbene, sono in un villaggio, in spiaggia, è piena estate: ci sta sicuramente! Al contrario, se mi avesse detto: «Mentre fai il bagno al mare puoi avvertire la sensazione di freddo dell'acqua», non sarebbe stato abbastanza vago e, nel suggerirmi una sensazione di freddo, si sarebbe assunto un rischio, perché, magari, nella mia esperienza c'era un mare tropicale caldissimo. Nel dubbio è meglio dire: «Avverti la temperatura dell'acqua sulla tua pelle», così non sbagli.

Quindi occorre essere più specifici possibile sulle esperienze reali, inconfutabilmente vere, e più generici possibile sulle esperienze mentali, non verificabili. Se mi dici: «Sei seduto su questa sedia», è qualcosa di reale, lo vedo, quindi posso essere più preciso possibile. Lì dove non sei sicuro, invece, sii abilmente vago.

Ti sarai accorto che nella dimostrazione Simone ha usato dei **truismi cinestesici**, ossia basati su sensazioni: «Senti il colletto… senti le scarpe…», e così via, ma non è assolutamente obbligatorio farlo, anzi, è buona norma utilizzare tutti i canali, anche il visivo e l'auditivo. Di auditivo ha detto: «Mentre senti la mia voce (auditivo)…», che va bene, tu potresti aggiungere: «… e i rumori che ci sono nella sala, ti puoi rendere conto della sensazione del colletto (cinestesico) e mentre guardi le persone che hai di fronte (visivo)…", e così via. Questo perché non sai se la persona che vuoi far rilassare, nel momento e nel contesto in cui ha vissuto l'esperienza, ha utilizzato di più il canale cinestesico, visivo o auditivo.

Quindi è consigliabile usare tutti e tre i canali per comprendere l'esperienza nel modo più completo possibile. Utilizzando il solo canale cinestesico rischi di portarla troppo sulle sensazioni e far avvertire come fastidiosa l'attenzione del pubblico. A maggior ragione, quindi, è necessario integrare e dire: «E mentre vedi queste persone davanti a te e ascolti il loro vociare, ti rendi conto di rilassarti sempre più…», cioè leghi anche queste interferenze allo stato di rilassamento, le comprendi in esso.

**SEGRETO n. 8: per entrare in sintonia con il proprio interlocutore e ricalcare nel miglior modo possibile l'esperienza che ha in mente, è consigliabile utilizzare truismi che tocchino tutti e tre i canali sensoriali: visivo, auditivo e cinestesico.**

Fra poco ti dirò come integrare quelli che potrebbero essere considerati come elementi di disturbo esterni allo stato di rilassamento della persona. Prima però vorrei che provassi sulla tua pelle questo esercizio per capire cosa per te funziona e cosa meno.

L'ideale sarebbe che tu potessi trovare un partner con cui fare l'esercizio. Chi dei due si mette in condizione di rilassarsi deve mostrare chiaramente, al compagno che tenta di rilassarlo, anche con espressioni del viso, quando c'è qualcosa che non va. Ad esempio, farà un'espressione di scontento se l'altra persona gli dice qualcosa che non c'entra nulla con quello che lui sta immaginando in quel momento.

L'esercizio consiste in questo: chi deve rilassarsi pensa a una propria esperienza positiva del passato e colui che deve rilassare tenta di ricalcare il compagno dicendo cose abilmente vaghe ma possibilmente vere su quell'esperienza. Alla fine dell'esercizio confrontatevi e, l'un l'altro, datevi un feedback su quanto si è detto. Dite ciò che non c'entrava niente e ciò che era azzeccato, solo così potrai capire cosa funziona e cosa meno.

Il modo migliore per esercitarsi è fare questi esercizi in coppia, ma i truismi vengono utilizzati anche nell'autoipnosi. Infatti, proprio perché si conosce già la propria esperienza, è più facile andare in stati di rilassamento da soli. Hai cinque minuti buon lavoro!

***

Bene, hai fatto l'esercizio, e ora che hai finito ti rendi conto del modo in cui sto usando il modello che ti ho appena insegnato. Lo uso spessissimo nella formazione per dare continuità al mio discorso. Se ci fai caso, nel parlare utilizzo continuamente truismi e transizioni e, nei miei corsi in aula, cerco di integrare tutto ciò che succede attorno a me.

Insegno che, nel public speaking, quando ci si accorge che una parte dell'uditorio è distratta, è consigliabile fare una pausa per creare attenzione. Oppure, se è una sola persona a disturbare, la si può guardare finché non si rende conto e smette spontaneamente. O, ancora, puoi *integrare* ciò che sta avvenendo nell'ambito del tuo discorso. Ad esempio potresti dire: «… e mentre quella persona finisce di parlare...» o «... mentre quella persona spegne il cellulare, noi andiamo avanti...».

«Mentre... e...» è la struttura che rende scorrevole il linguaggio e il discorso. Dopo aver detto una frase costruita con questo tipo di transizione, tutti gli altri allievi pensano: «Bene, ha smesso di parlare» oppure «ha spento il cellulare», quindi «noi possiamo andare avanti». A ben vedere il fatto che la persona che disturbava abbia smesso di parlare o abbia spento il cellulare non c'entra nulla con il fatto che il resto della classe possa proseguire, però, come suggestione, funziona perfettamente.

Ricordo che tempo fa, durante un mio corso tenuto in pieno giugno, fuori iniziò a piovere e in pochi minuti venne giù un acquazzone tremendo. Era abbastanza singolare che questo accadesse, dato il mese; il risultato fu che i miei studenti iniziarono ad agitarsi e a girarsi verso la finestra dicendo: «Ma guarda come piove!» Se avessi fatto finta di nulla, proseguendo la mia lezione, loro non mi avrebbero più seguito con la stessa attenzione di prima. Al contrario scelsi di integrare l'elemento di disturbo nella spiegazione e dissi: «Bene, vedo anch'io che fuori piove, e mentre fuori piove noi continuiamo la lezione».

Anche in questo caso non c'era alcun legame tra il fatto che fuori piovesse e che noi continuassimo a far lezione, ma il fatto di usare una transizione ha legato un fatto vero (fuori piove) a un altro fatto sempre vero, ma al quale volevo guidare i miei allievi (continuiamo a far lezione). Anche in questo caso parliamo di ricalco e guida, tecnica di comunicazione nella Programmazione Neuro-Linguistica appresa dai grandi maestri e dai fondatori della PNL.

Durante il corso di ipnosi in aula io disturbo volontariamente i miei allievi mentre fanno gli esercizi di rilassamento, tanto che alla fine qualcuno mi dice: «Ero in uno stato di rilassamento, però poi tu mi sei passato davanti e hai rotto la concentrazione» Ad altri mi metto vicinissimo oppure do un calcio alla sedia! Ancora, verso la fine dei cinque minuti concessi per fare l'esercizio, quando ci sarebbero ancora alcuni secondi per rilassarsi, inizio a dire: «Fine dell'esercizio!» Chi stava lavorando sente questo urlo nell'orecchio che, sicuramente, non favorisce il suo stato di rilassamento, anzi probabilmente lo interrompe.

Certo, in genere è vero che li ho disturbati, ma potrebbe non esserlo per chi, tra i miei allievi, ha avuto l'intelligenza di integrare l'elemento di disturbo nello stato di rilassamento, incorporandolo nel discorso. Ad esempio ricordo che, in una delle ultime occasioni, è stato un ragazzo che si trovava in stato di rilassamento a suggerire all'altro, che lo rilassava, che avrebbe potuto integrare il mio disturbo nel discorso, dicendo: «Beh, certo, se avessi integrato Giacomo sarebbe stato meglio». Infatti gli sarebbe bastato dire: «Mentre Giacomo sta passando qui e ti ha dato un calcio alla sedia, questo ti fa rilassare ancora di più».

A ben vedere tra le due cose non c'è alcun nesso, ma il fatto di integrare l'elemento di disturbo nel discorso fa sì che la persona si rilassi davvero di più. Se invece, come in questo caso, l'altro fa finta di niente, alla persona che si stava rilassando rimane sullo stomaco che io sia passato e l'abbia disturbata facendola uscire dallo stato di relax.

Ti ho fatto questo esempio per due motivi: sia per insegnarti cosa sono le **incorporazioni**, ovvero la capacità di integrare nel discorso eventi esterni inattesi ed elementi di disturbo, sia perché, come ti ho detto, l'obiettivo di questa guida è che tu impari a rilassarti e a rimanere nello stato di rilassamento in qualsiasi situazione della vita quotidiana.

Acquisire questa capacità è molto utile per riuscire a rilassarsi nella vita di tutti i giorni, ad esempio mentre si è in fila in banca. Eventi come la cassiera che urla o i commenti degli altri che stanno in fila potrebbero farti uscire bruscamente dallo stato, tu, invece, devi essere in grado di mantenerlo.

Quindi ti dici: «Mentre sono in fila in banca e mi rendo conto che c'è una gran confusione, con la cassiera che urla al collega di prendere il fax e gli altri in fila con me che commentano, io mi rilasso sempre di più». Cioè, nei truismi cerca di integrare, di incorporare, tutti gli elementi di disturbo che arrivano alla tua coscienza, quelli che, in qualche modo, attirano la tua attenzione e che potrebbero estrarti dallo stato di rilassamento.

Bandler racconta che, guardando Erickson lavorare, non poteva fare a meno di ridere, perché lo vedeva usare le forme più strane e originali di trance e di ipnosi, riuscendo a rilassare i suoi pazienti, che non si accorgevano di nulla. Bandler, che riconosceva le varie tecniche segrete e i modelli ipnotici, ogni tanto scoppiava a ridere. Erickson, ovviamente, si irritava, però, non potendo farci nulla, preferiva incorporare l'atteggiamento di Bandler nel suo discorso dicendo: «E mentre quel cretino ride, tu continui a rilassarti sempre più...». Bandler, che aveva molti anni meno di Erickson, era giovane e un po' pazzo, quindi costringeva lui, così serio e preciso, a incorporare le sue esternazioni.

L'incorporazione è fondamentale se non vuoi uscire dallo stato o farvi uscire chi stai rilassando. Addirittura ti potrei dire che più elementi di disturbo vi sono e meglio è: prendili e incorporali tutti perché rendono ancora più profondo lo stato di rilassamento.

Durante la mia dimostrazione con Simone era importante che tenessi gli occhi aperti, ero nella mia aula durante un corso ed era essenziale verificare, controllare che le persone seguissero, dovevo comunque restare focalizzato sul mio pubblico. Lui avrebbe potuto dirmi: «Mentre sei con gli occhi aperti, guardi il tuo pubblico e controlli cosa fanno i tuoi allievi, ti accorgi che, nel farlo, ti rilassi sempre di più».

Perché magari io, dovendo seguire gli allievi, ero un po' teso e la tensione mi è comunque rimasta. Probabilmente mi sarei lasciato andare se me lo avesse inserito nel rilassamento dicendomi, ad esempio: «Il fatto di seguire i tuoi allievi, anche in questo momento, ti permette di rilassarti sempre di più». Non necessariamente è vero, sta di fatto che sortisce l'effetto di portarmi nella sua direzione, dove vuole lui.

**SEGRETO n. 9: l'incorporazione consiste nell'integrare il proprio percorso verso lo stato di rilassamento con elementi esterni inattesi e potenzialmente disturbanti che, in tal modo, diventano innocui e non lo compromettono.**

Questo "dove vuole lui", va messo tra doppie virgolette, nel senso che negli stati di rilassamento, a differenza di quanto si pensa, non è possibile controllare le persone. Questa convinzione ci è spesso trasmessa dai libri di ipnosi classica, che lo ritengono possibile. La PNL, tuttavia, non applica l'ipnosi classica, come accennavo. L'ha studiata così come ha fatto con tante altre materie e arti e ne ha estratto tecniche e strategie proprie, che io ho raccolto in quella che chiamo Ipnosi Segreta, che si avvale di tecniche avanzate ideate dai maestri fondatori. Ma poi, in realtà, per gli studi che ha fatto Bandler stesso, si sa che anche nell'ipnosi classica non solo non si perde il controllo ma, anzi, le persone assumono maggior padronanza di sé stesse.

Bandler dice: «In stato di veglia, in stato cosciente, possono farvi fare tante cose sgradevoli e voi neanche ve ne accorgereste, al contrario, in stato di relax, non potrebbero riuscirci». Ciò che Bandler vuol dire è che se ti chiedessero di fare qualcosa di sgradevole mentre sei in stato di profondo rilassamento, non la faresti.

Il motivo è che in stato di rilassamento non perdi il controllo, al contrario acquisti maggiore padronanza di te stesso. In stato di veglia può darsi tu ti faccia influenzare da mille suggestioni esterne, un esempio su tutti, la pubblicità. La conseguenza può essere che ti comporti in modo sbagliato senza neanche accorgertene. Al contrario in stato di rilassamento puoi accedere a risorse diverse e più ricche, che solo un profondo stato di relax ti può offrire. Grazie alle tecniche di rilassamento che oggi conoscerai, potrai migliorare la tua autostima, il coraggio, la forza e la sicurezza, nonché amplificare i tuoi stati emotivi.

Altra importante differenza tra le tecniche ipnotiche segrete di rilassamento applicate dalla PNL e l'ipnosi classica sta nel fatto che mentre quest'ultima è maggiormente funzionale alla terapia, a un percorso teso alla risoluzione di problemi, le prime sono, invece, strategie efficaci per ottenere risultati. Come ho detto poco fa l'ipnosi classica è un'arte utilizzata a scopo più che altro "riparativo", proprio perché tende a risolvere problemi (interviene, quindi, in una situazione già patologica). Le tecniche ipnotiche di rilassamento proprie della PNL, invece, sono di tipo generativo, perché orientate al raggiungimento dei propri obiettivi, all'efficacia nel concretizzare i risultati che si vogliono ottenere.

Pian piano ne vedremo svariate utilizzazioni e attraverso esse imparerai a rilassarti in ogni situazione e... qualsiasi elemento di disturbo ci sia nel tuo ambiente, che sia auditivo, visivo o cinestesico. Qualcuno che, mentre ti stai rilassando, ti passa davanti, ti urta o parla a voce alta vicino a te, può essere integrato nel discorso volto al rilassamento; questo è importantissimo.

Spesso i miei allievi in aula mi chiedono cosa sia l'*inconscio* e mi fanno domande sul suo funzionamento. Ricordi? Poco fa ho parlato delle varie fasi attraverso le quali il cervello passa dalla veglia (Beta) al sonno (Delta). La cosa importante da sottolineare è che l'inconscio non è qualcosa di concreto, non esiste una parte del cervello che potremmo definire come inconscio, piuttosto si tratta di un modello che serve ad analizzare i propri processi mentali.

Semplicemente è comodo attribuire all'inconscio la regolazione di molte funzioni come, ad esempio, il battito del cuore, la respirazione, le abitudini e tantissimo altro. George Miller, psicologo statunitense, fece degli studi a questo proposito, documentati nello scritto *Il magico numero sette più o meno due*. Scoprì che la consapevolezza umana ha un limite che corrisponde a circa sette informazioni per volta, con una flessibilità pari a due in più o in meno (per cui una gamma che va da un minimo di cinque a un massimo di nove informazioni). Quindi, secondo Miller, in un certo istante si può avere coscienza di circa sette informazioni. Immaginandoti in un'aula di corso, di cosa puoi avere cognizione? Del viso dei colleghi che ti guardano, di ciò che dice il trainer, del suo modo di gesticolare e di pochi altri dati, di tutto il resto si occupa l'inconscio.

Freud, tanti anni prima della PNL, ha operato una distinzione tra conscio e inconscio, affermando che la consapevolezza, in realtà, è paragonabile alla punta di un iceberg, che corrisponde al 10 per cento della sua massa totale. La parte più corposa, che rappresenta l'inconscio, è nascosta sotto il livello dell'acqua.

Il linguaggio stesso è un modello attraverso il quale descriviamo la realtà o, meglio, ciò che ogni essere umano individua come "realtà". In verità si tratta della realtà individuale di ognuno, del modo che ciascun individuo ha di vedere le cose. Alcune parole che fanno parte del linguaggio comune non hanno un corrispettivo nella realtà. Il "non" è una di queste. Con il "non" si vuole descrivere una situazione ma, di fatto, il cervello non riesce a rappresentarselo. Se ti dico: «Non immaginare un cane che insegue un gatto», subito immaginerai il cane che insegue il gatto. Non puoi fare il contrario proprio perché il "non" non ha una rappresentazione. Quindi è dimostrato che il linguaggio è solo un modello per descrivere qualcosa.

La distinzione tra inconscio e conscio non è che un modello per descrivere il funzionamento della mente umana, nello stesso modo in cui il sistema degli atomi viene descritto prendendo a modello il sistema solare. Come i pianeti girano intorno al sole, così gli atomi ruotano attorno a un nucleo centrale. Ancora, se conosci i livelli logici di Robert Dilts, sai che si tratta di un modello per descrivere la personalità o il modo di comportarsi di qualcuno, l'avere o meno la capacità di raggiungere obiettivi e così via.

Queste distinzioni sono importanti, perché ti permettono di concentrarti solo su te stesso e sul tuo stato di rilassamento; vedremo poi in che modo utilizzarlo. È importante non lasciarsi influenzare dagli eventi esterni, ma anzi integrarli, proprio perché vogliamo poterci rilassare senza problemi nei momenti di stop della vita quotidiana, in qualsiasi situazione ci troviamo.

L'incorporazione è qualcosa che ho spiegato anche in altre forme, ad esempio nei corsi di public speaking, con il nome di **anticipo delle obiezioni**. Tempo fa, poco prima di iniziare un corso di public speaking, ed essendo già in aula, mi resi conto di aver dimenticato di indossare la cinta. Ormai non potevo fare nulla per riparare al danno, ma subito pensai che qualcuno dei miei allievi, nell'accorgersene, avrebbe potuto pensare male di me, dire ad esempio: «Ma chi è questo cafone che va vestito tutto elegante senza cinta?» L'unica possibilità che avevo di evitarlo era bruciare l'obiezione sul nascere, affrontando il problema e confessando, io per primo, di aver dimenticato la cinta.

Decisi però di cavarmela in maniera ancor più creativa e divertente. Entrai in aula e dissi: «Ragazzi, come vedete oggi non ho la cinta, e c'è un motivo, questo, infatti, è il cosiddetto "segreto della cinta", uno dei più importanti del public speaking. Ve lo svelerò solo alla fine del corso». Ovviamente tutti i miei allievi rimasero con la curiosità di conoscere il fantomatico "segreto della cinta" sino all'ultimo momento. Alla fine spiegai che in realtà l'avevo dimenticata, ma mi ero inventato quella storia per creare un po' di tensione in più, che poi è il nocciolo del public speaking e anche della tecnica dell'incorporazione.

Per cui, se ti succede qualcosa, dillo tu prima che sia troppo tardi, altrimenti qualcuno se ne accorgerà e farai una pessima figura. Per lo stesso principio, sia che tu stia facendo rilassamento a qualcuno sia che tu stia procedendo a un rilassamento individuale, incorpora gli elementi di disturbo sottolineandoli per primo. Ti accorgerai che aiutano e approfondiscono lo stato di relax invece che comprometterlo.

In realtà questa tattica riesce molto meglio in caso di rilassamento individuale, perché tu solo sai cosa realmente ti disturba. Nel caso tu stia rilassando un'altra persona, potresti integrare un qualcosa che tu avverti come disturbante e l'altra persona meno. Quindi a un'obiezione della tua mente conscia come: «Ora non mi posso rilassare perché sono circondato da persone chiassose», rispondi integrando il potenziale elemento di disturbo e dì a te stesso: «Mentre sono qui in mezzo a molte persone chiassose e temo di non riuscire a rilassarmi, mi rendo conto che, tutto sommato, mi sto rilassando sempre di più». Ti assicuro che funziona, provalo su te stesso, è un qualcosa di incredibile.

Poco fa abbiamo visto i truismi e le transizioni, ora parliamo di ratifica o **verifica dello stato**, un'ulteriore forma di incorporazione e integrazione di elementi esterni. Forse ti sei accorto, facendo l'esercizio, che nel rilassarsi le persone cambiano la propria fisiologia. È diverso il modo di respirare, di muovere gli occhi, l'atteggiamento delle labbra e del viso in generale. L'hai notato?

Durante il mio esercizio con Simone, nel momento in cui mi ha dato una prima suggestione di rilassamento, ho sentito cambiare la mia respirazione. L'ho avvertito come fossi fuori dal mio corpo e mi stessi osservando dall'esterno. Ed effettivamente, passando dallo stato Beta, di veglia cosciente, allo stato Alpha, di relax, questi cambiamenti si avvertono: c'è una maggiore simmetria facciale, i muscoli attorno agli occhi sono più rilassati, addirittura la pelle è più distesa.

Che ci siano dei cambiamenti fisiologici è un dato di fatto ed è una buona cosa integrarli e usarli come suggestioni per approfondire il proprio stato di rilassamento, dicendo: «E mentre ti rilassi sempre più, ti puoi rendere conto di come la tua respirazione sia cambiata». In questo modo ottieni anche di portare l'attenzione tua o della persona che stai rilassando sulla respirazione che, a quel punto, cambierà in ogni caso, approfondendo lo stato di rilassamento.

Oppure puoi parlare, a te stesso o a chi stai rilassando, del modo in cui si è distesa la tua pelle, dell'atteggiamento più sereno degli occhi e delle labbra. Può essere che tu lo veda veramente, in questo modo, dicendolo, approfondisci lo stato di relax; ma può anche darsi che tu lo dia come suggestione per far sì che lo stato di relax si approfondisca e va bene in entrambi i casi.

Perché sono suggestioni che vengono comunque prese per vere, che lo siano o meno, e sortiscono in ogni caso l'effetto voluto. Nel momento in cui lo dici a te stesso o a chi rilassi, la pelle si distenderà, le labbra si rilasseranno e l'espressione cambierà.

**SEGRETO n. 10: due forme alternative di incorporazione sono le tecniche di anticipo delle obiezioni e di verifica dello stato. Con la prima si anticipano obiezioni altrui disturbanti per il proprio stato di relax bruciandole sul nascere, con la seconda ci si danno suggestioni sul proprio stato di rilassamento.**

Quando lavori in coppia con un partner, come nella dimostrazione di poco fa, è importante una dote, un'abilità, definita **calibrazione**. Si tratta semplicemente di osservare le espressioni, il non verbale dell'altro, per cogliere le sottili differenze portate dallo stato di rilassamento, come la pelle un po' più rilassata o i muscoli meno tesi.

È una capacità che si può acquisire e che io insegno, aiutandomi con una dimostrazione pratica, durante i miei corsi di comunicazione. Propongo a uno dei miei allievi di raggiungermi e di sedersi al centro della sala, di modo che gli altri possano vederlo bene. In un primo momento gli chiedo di pensare, per venti/trenta secondi, a una persona che gli è particolarmente simpatica, di vivere con lei una situazione molto piacevole.

Nel momento stesso in cui lo fa, tutti ci rendiamo conto che la sua espressione cambia totalmente. Non è differente solo l'atteggiamento del viso, con un bel sorriso radioso, anche la mano, che poteva essere in un primo momento più contratta, diviene rilassata. Poi gli chiedo di pensare, sempre per venti/trenta secondi, a qualcuno che gli è molto antipatico, di vivere con questa persona una situazione fastidiosa. Ebbene, in pochi secondi vedo il viso accigliarsi, i muscoli della mano, prima rilassati, tendersi e un movimento nervoso delle gambe.

Ricorda che più i movimenti riguardano muscoli lontani dal viso e più sono veri, perché meno controllabili. Ognuno di noi, infatti, è maggiormente abituato a controllare le espressioni del proprio viso, facendo, ad esempio, un sorriso finto quando serve o non esplodendo in un'espressione rabbiosa quando non è il caso.

Al contrario i muscoli delle gambe, ad esempio, o il movimento dei piedi, sono molto meno controllabili, quindi riflettono meglio l'inconscio. In generale, più i movimenti appartengono a muscoli lontani dal viso e più rispecchieranno in maniera fedele le emozioni.

A fine esercizio chiedo al mio allievo di pensare a uno dei due, senza dire né a me né agli altri a chi ha pensato e senza dichiarare l'immagine che ha in mente con un viso molto sorridente o corrucciato. L'abilità sta nell'indovinare basandosi sulla sua fisiologia generale e, nella maggior parte dei casi, gli altri allievi ci riescono basandosi su sottigliezze che il corpo della persona trasmette loro.

La calibrazione, quindi, consiste nell'imparare a cogliere piccole sfumature dell'atteggiamento generale della persona, che aiutano a capire in che stato d'animo si trovi in un dato momento. È un'abilità che permette anche di correggersi se, per caso, ci si accorge, da una sua espressione del viso, di aver detto qualcosa che non c'entrava nulla con ciò che aveva in mente.

Ricordi l'esercizio fatto con Simone? Gli avevo dato lo spunto del villaggio turistico e lui, a un certo punto, mi ha detto: «… e mentre cammini con le scarpe da mare…», se fosse stato particolarmente attento avrebbe potuto notare una mia espressione diversa e correggersi in tempo reale, magari dicendo:

«… ma, forse, tutto sommato le scarpe non le hai perché sei già in spiaggia…».

Puoi sempre farlo, qualsiasi cosa tu abbia detto, perché aggiungi nuove possibilità di rilassamento. Milton Erickson era un mago in questo, infatti, dopo aver parlato del suo modello linguistico, era solito dire ai propri allievi: «Non so se imparerai questo modello linguistico in sei mesi, tre mesi, una settimana, un giorno, o immediatamente…». Così facendo, non solo presupponeva che lo avrebbero imparato, instillando loro questa convinzione, ma copriva tutte le possibilità, dando loro, in più, la suggestione a scendere, «sei mesi, tre mesi, una settimana, un giorno, immediatamente», perché imparassero più velocemente possibile.

Quindi copri tutte le possibilità dicendo: «Non so se stai facendo questo o quest'altro» e usa sempre il "puoi": «Ora *puoi* cominciare a sentirti rilassato», perché è un termine non invasivo e permissivo: non vuol dire che qualcosa sta sicuramente succedendo e ti permette di essere il più vago possibile. Questo è un altro dei segreti di Milton Erickson.

**SEGRETO n. 11: la calibrazione è l'abilità, che puoi acquisire nel rilassare un'altra persona, di capire ciò che stai cogliendo e cosa no dell'esperienza che ha in mente, aggiustando di volta in volta la tua strategia per aderirvi il meglio possibile.**

Quindi, ricapitolando, per approfondire lo stato di relax tuo o di chi stai rilassando puoi utilizzare i truismi e le transizioni, puoi calibrare e verificare lo stato di rilassamento osservando il non verbale e, infine, usare il "puoi" per rafforzare queste suggestioni. Quindi va bene dire: «**Puoi** sentirti rilassato e, mentre immagini questa cosa, **puoi** cominciare a sognare di quella persona...», con il "puoi" leghi varie suggestioni l'una all'altra.

Ti sarai accorto che spesso, nel parlare, io congiungo un argomento all'altro utilizzando "e quindi". Si tratta di un segreto di public speaking. La transizione "e quindi" mi serve anche per "cambiare pagina" e parlare di una cosa diversa dalla precedente, rendendo fluido e scorrevole il mio linguaggio.

Quando tenti di rilassarti o di rilassare qualcuno è importantissimo che ti fissi un obiettivo e per farlo devi aver fatto preventivamente un buon **setup**. Il setup ti serve a capire **cosa**, **perché** e **come** (durata, procedure), ossia le basi di ciò che stai per fare. Il setup fa ancora parte del decollo, ossia dell'entrare in stati di rilassamento.

Sia che lavori con te stesso sia che, a maggior ragione, lavori con un'altra persona, devi fare un buon setup dando a te stesso o all'altro un obiettivo, dicendoti o dicendogli **cosa** stai per fare, ad esempio: «Adesso facciamo un esercizio di rilassamento. Tu mettiti comodo, stai tranquillo, con gli occhi aperti, ti va? Sì? Va bene, allora cominciamo». È importante **perché** in questo modo puoi imparare ad avere maggiore controllo sui tuoi stati d'animo, puoi riprenderti da una situazione in cui sei stanco e puoi sentirti più rilassato. O, come vedremo più tardi, puoi utilizzarlo per accedere a nuove risorse, per sentirti più sicuro, programmare nuove abitudini e molto altro.

Proveremo il setup attraverso un esercizio vocale, ti guiderò con la mia voce e farai solo quello che per te è giusto, seguendo i tuoi valori. Parleremo, magari, di un bel ricordo, di un evento piacevole o di un momento in cui ti si sentito particolarmente rilassato e sicuro. Dì a chi rilassi o a te stesso, se fai autorilassamento, cosa stai facendo, come e perché lo fai.

Il perché è l'obiettivo. Anche quando ti rilassi devi darti un obiettivo di questo tipo: «Adesso sto in banca e mi voglio rilassare, voglio sfruttare questi dieci minuti di fila **per** (obiettivo) trovare nuove idee per quel corso». Io, aspettando il tecnico, mi sono detto: «Devo stare qui in macchina e attendere due/tre ore, non so precisamente quanto. Intanto voglio entrare in uno stato di rilassamento, voglio leggere questo libro velocemente, con le tecniche che conosco e, mentre lo leggo (obiettivo), voglio che mi arrivino idee nuove per il corso di domani».

In questo modo ho dato un obiettivo al mio inconscio, che, pur essendo un modello, ascolta con grande attenzione le mie istruzioni. Per questo motivo gli darò istruzioni quanto più possibile precise su ciò che voglio fare (voglio rilassarmi), come voglio farlo (quanto durerà il mio stato di rilassamento e, quindi, a che punto devo essere pronto per uscire) e perché voglio farlo (voglio che mi arrivino nuove idee per il corso di domani).

Quindi, prendendo come esempio l'attesa dell'elettricista che doveva staccare la luce nella vecchia casa, gli ho detto che avevo intenzione di rilassarmi, che avevo da una a tre ore di tempo per farlo, che con ciò intendevo che dovevo restare sempre all'erta e che, se l'elettricista fosse arrivato dopo un'ora, dovevo essere pronto a scendere dalla macchina. E infine che volevo farlo per concentrami sul mio libro e apprendere più nozioni possibili per il corso che avrei tenuto il giorno successivo. Così devi trattare il tuo inconscio: dandogli istruzioni che lui prenderà alla lettera, come fosse un bambino.

In questo modo ho raggiunto tutti i risultati e quando il tecnico è arrivato sono stato pronto ad uscire dal mio stato di rilassamento per incontrarlo, a fare ciò che dovevo e tornarmene a casa. Grazie allo stato di relax che mi ero indotto sono riuscito a fare moltissimo in quell'oretta di attesa, ossia assorbire molti concetti e farmi venire diverse buone idee.

Nel "come" è contenuta anche la **procedura di uscita**, che va spiegata all'inconscio perché sia pronto ad azionarla. Quindi dì a te stesso: «Fa' che sia pronto ad uscire se arriva il tecnico» o in altri contesti: «Fa' che sia pronto ad uscire se attorno a me succede qualcosa: se scatta un allarme, se qualcuno mi tampona o mi bussa al vetro o se arriva il mio turno in banca. In tutte queste situazioni, rendimi vigile». Qualsiasi cosa succeda, sii sempre vigile mentre ti rilassi, perché rilassarsi non vuol dire essere incoscienti: non stai dormendo!

Bandler, a questo proposito, ci racconta di aver visto Milton Erickson fare ipnosi a una persona e questa, alla fine della seduta, pare abbia detto. «Io non credo di essere stato in ipnosi, perché sentivo tutto ciò che mi veniva detto e avevo delle sensazioni ben precise». Bandler rispose che era normale, se così non fosse stato, avrebbe voluto dire che era morto! Questa risposta è in linea con l'atteggiamento giocoso e irriverente di Bandler.

In un'altra occasione un suo cliente lo pregò di aiutarlo a eliminare definitivamente il proprio dialogo interiore. Sai cosa fece Bandler? Estrasse di tasca una pistola e disse: «Bene, ora ti sparo, vedrai che il dialogo interiore sparirà». Vuol dire che non puoi pensare di eliminare il tuo dialogo interiore, anche perché è utile, occorre solo imparare a sfruttarlo nel modo giusto.

Altri clienti chiedono di eliminare per sempre la spinta a provare rabbia. È sbagliato, perché se eliminassimo la rabbia finiremmo per soccombere in ogni situazione. Al contrario bisogna imparare ad usare in maniera corretta le pulsioni negative, poiché possono essere utili per ottenere rispetto quando serve, ma senza esagerare. In alcuni casi potrebbe essere utile essere aggressivi, in altri, viceversa, è utile non esserlo. È necessario imparare a gestire le proprie emozioni fintanto che siamo vivi, piuttosto che schiacciarle ed eliminarle.

Bandler, in particolare, non sopporta sentirsi chiedere il *perché* delle cose, lui per tutti ha una sola risposta: «Perché sei vivo e le cose capitano». Molto meglio è chiedersi *come* poter risolvere eventuali problemi che ci capitano, quali strategie abbiamo usato sino ad oggi e quali potremmo utilizzare per trovare una soluzione ai problemi.

L'atteggiamento di Bandler e della PNL in generale, come vedi, è molto diverso rispetto a quello delle altre arti o forme di terapia. In PNL siamo orientati al raggiungimento di risultati attraverso l'uso di tecniche avanzate apprese dai grandi maestri, alla concretizzazione di obiettivi, e per farlo con successo un buon setup serve sempre.

**SEGRETO n. 12: per raggiungere uno stato di rilassamento soddisfacente è fondamentale fissare preventivamente un buon setup, che serve a capire il cosa, il perché e il come di ciò che si intende fare.**

Finora abbiamo parlato di induzioni semplici, ovvero di come rilassarci attraverso l'uso di schemi linguistici come i truismi e le transizioni. Parleremo ora delle **induzioni complesse**, come il **riaccesso**, gli **stati quotidiani** e l'**induzione diretta 10>1**, che è quella più adatta per indurre stati di rilassamento.

Vi sono, in realtà, molte altre forme che Bandler illustra come complesse e che sono più o meno utili a seconda dell'obiettivo di ognuno. Queste, modellate direttamente da Milton Erickson, sono certamente meno utili nella vita quotidiana. Ad esempio c'è la famosissima **induzione per stretta di mano**. Ci si presenta a una persona, le si stringe la mano, si parla per qualche minuto facendo un po' di gesti e, alla fine, basta dire: «Bene, ora chiudi gli occhi», per farla cadere in ipnosi.

Se ci pensi, non è molto utile. Sì, la può usare qualcuno come Giucas Casella, perché è un'ipnosi da spettacolo, pensata per fare show, non serve a te che vuoi rilassarti o rilassare. Ancora, c'è il **braccio che sogna**, che Bandler usa soprattutto con i bambini. Prende un bimbo, lo mette seduto, gli fa alzare il braccio e gli dà delle suggestioni perché resti in quella posizione. Questa è già una forma di trance avanzata, nel senso che non è normale tenere il proprio braccio in una posizione tanto scomoda per più di pochi istanti.

Poi dice al bambino: «Ora lascialo scendere alla stessa velocità con la quale puoi iniziare a sognare. Sogna di un momento in cui ti sentivi davvero bene e, mentre il tuo braccio scende, ti sentirai sempre meglio e penserai di poter stare bene per tutta la vita». Pare che il "braccio che sogna" piaccia molto ai bambini proprio per questa componente che riguarda i sogni. Tuttavia si tratta di una tecnica cui accenno per conoscenza, non serve che la impari per rilassarti nella vita di tutti i giorni.

Per indurre stati di rilassamento sono molto più utili il riaccesso, gli stati quotidiani e l'induzione diretta 10>1, di cui parliamo in questa guida. Per renderti tutto più comprensibile ti riporto la trascrizione di una dimostrazione eseguita in aula.


************************************************

GIACOMO: Per fare questo esercizio ho bisogno di un volontario. Facciamo un applauso a Maurizio.

Abbiamo qui il nostro medico e professore di medicina che, come tale, è la persona più adatta per confutare qualsiasi stupidaggine dovesse mai uscire oppure accettare tranquillamente ciò che dirò. Metteremo in atto alcune cosiddette induzioni "complesse", che in realtà non sono tali, semplicemente sono meno evidenti per chi le riceve rispetto alle precedenti.

Le induzioni semplici, come i truismi, sono modelli assai schematici, nei quali si usa un certo tipo di linguaggio, date frasi e parole, secondo un ordine atto a creare stati di rilassamento. Con le induzioni complesse il gioco è più sottile, trasmetteremo suggestioni senza quasi che la persona se ne accorga. Servono a richiamare, rievocare degli stati d'animo di rilassamento.

Nel metodo "B.R.U.N.O" che insegno nel mio libro *Seduzione*, ad esempio, c'è una parte riguardante la rievocazione e in questo caso la adottiamo. Maurizio, se non sbaglio poco fa hai eseguito un esercizio sulla trance, sull'entrare in uno stato di rilassamento, giusto?

MAURIZIO: Sì.

GIACOMO: Chi era il tuo partner?

MAURIZIO: Marco.

GIACOMO: Marco, perfetto. Come ti sei sentito? Non serve che tu mi risponda verbalmente, è sufficiente che lo ricordi.

MAURIZIO: Beh, ha avuto un ottimo effetto, nel senso che il rilassamento c'è stato.

GIACOMO: Il rilassamento c'è stato, ti sei sentito rilassato. Prova a vederti un attimo in quel momento e immagina di avere Marco qui vicino a te. Ti sta rilassando, ti sta dicendo quelle parole e... *mentre te le dice, tu ti senti sempre più rilassato... E mentre lui ti diceva parole e ti confermava le cose che stavano accadendo davvero intorno a voi, ti sentivi sempre più rilassato...* come se ci fosse un collegamento tra le cose che Marco ti diceva e il tuo rilassamento. Ti senti già rilassato come prima, vero?

MAURIZIO (*fa cenno di sì*)

GIACOMO: Non lo dico per darvi suggestioni, ma guardate come è cambiata la sua fisiologia e la sua respirazione. Fino a poco fa, quando ancora mi rispondeva verbalmente, mi guardava e muoveva gli occhi, quindi era molto conscio, si trovava ancora in uno stato Beta. Quando gli ho detto: «Immagina di avere Marco qui» e ho cambiato il mio tono di voce, rendendolo molto più lento e rilassato, ha bloccato gli occhi e in pochi secondi ha raggiunto il medesimo stato di rilassamento di poco fa, con Marco. È cambiata la sua respirazione, anche tu l'hai notato?

MAURIZIO: Sì.

GIACOMO: Meno male che questa risposta viene da un medico! Questa prima forma di induzione complessa è denominata **riaccesso** e serve, appunto, a riaccedere a uno stato di rilassamento già provato in passato. Ora, io sapevo che aveva fatto un esercizio di rilassamento non più di cinque minuti fa, quindi è stato semplice per me farlo tornare al medesimo stato. Tuttavia, chiunque nella vita ha provato uno stato di rilassamento, quindi si può sempre riuscire a riaccedere al medesimo stato, anche se non vicinissimo nel tempo.

Potresti chiedere alla persona che vuoi rilassare: «Ti è mai capitato di sentirti molto rilassato? Completamente rilassato? A me è successo durante un corso di formazione sul rilassamento. Ero con un mio amico e, in coppia, facevamo un esercizio ascoltando la voce del trainer che ci faceva rilassare. Man mano che procedevamo e sentivamo parlare il trainer ci sentivamo sempre più rilassati, sai quando ti senti molto rilassato…».

In questo modo, facendo delle domande su un suo stato di rilassamento precedente, che sicuramente c'è stato, puoi portare la persona con cui stai parlando a riaccedervi. Chiedi: «Ti è mai capitato di rilassarti?» Sicuramente sì, non c'è bisogno che lui verbalmente ti dica: «Sì, mi è capitato cinque, dieci o vent'anni fa», perché il suo cervello, mentre gli fai la domanda, già risponde elaborando l'informazione e focalizzandosi sul rilassamento.

In più, mentre resti nel vago parlando di un'esperienza di rilassamento in generale, il suo cervello richiamerà un'esperienza di rilassamento concreta che la persona ha vissuto in passato. Quindi la riporta, inconsciamente o consciamente, al momento nel quale si è sentita rilassata, rivivendo le sensazioni di allora e sentendosi nuovamente rilassata.

Lo puoi fare anche al di fuori di un esercizio di rilassamento, semplicemente chiacchierando con qualcuno. Se vuoi far rilassare qualcuno perché, magari, domani ha un esame universitario o deve parlare in pubblico a una conferenza, potresti dirgli: «Dai che facciamo assieme alcuni esercizi di rilassamento!» A questo invito potrebbe risponderti: «No, non ne ho voglia», potrebbe non essere d'accordo. Per evitare che accada una cosa del genere e la persona si chiuda, raccontale di quando, ad esempio, hai partecipato a un corso di rilassamento e di come ti sei rilassato assieme al tuo partner durante un esercizio. Otterrai l'effetto di farlo immedesimare e riaccedere a suoi stati di rilassamento precedenti.

Questa tecnica è utile non solo per indurre stati di rilassamento ma per ottenere qualsiasi stato. Ad esempio, nel corso di seduzione insegno come far riaccedere colui che ci interessa a stati d'animo di amore e di innamoramento, perché si immedesimi in essi e si senta attratto da chi gli parla.

Pensate ai maghi e ai cartomanti: quando predicono il futuro attraverso le carte sono così bravi ad essere vaghi e a ricalcare più o meno tutte le esperienze possibili, che molto spesso azzeccano.

Solo che il più delle volte siete voi a dare il significato a quello che vi dicono, è il cervello che vi porta ad agire così.

La seconda forma di induzione complessa di cui vi voglio parlare, sono gli **stati di trance quotidiana**. Ti faccio un esempio. L'altro giorno sono andato al cinema con mia moglie. Il film mi aveva preso molto, sai quando ti immedesimi tanto da non pensare ad altro? Tanto che persone accanto a te scompaiono e senti solo la voce del protagonista o dei protagonisti del film e sei in uno stato di totale rilassamento…

La stessa cosa succede nella vita di tutti i giorni. Ti sei mai reso conto che avendo fatto mille volte il tragitto in macchina per tornare a casa ormai non pensi più, guidando, a quando andare dritto e quando girare? Lo fai assolutamente in automatico. È del tutto inconscio, perché la tua consapevolezza è dentro di te.

La cosa importante è che ti renda conto di come lo stato di rilassamento sia un qualcosa che vivi tutti i giorni. Ti capita più spesso di quanto credi di trovarti in uno stato Alpha: quando vedi un film così, come quando guidi verso casa e non pensi più se girare a destra o a sinistra o se fermarti.

È per questo che, da quando ho cambiato casa, avrò sbagliato strada una decina di volte, tornando dall'ufficio verso l'indirizzo precedente. Il mio inconscio infatti era ormai programmato ad andare in una certa direzione piuttosto che in un'altra. Per far sì che mi portasse verso la nuova casa ho dovuto, in stato di rilassamento, riprogrammare il mio inconscio a una nuova abitudine, dicendogli: «Al bivio non andare più a sinistra bensì a destra...», e così via.

Questi sono due modi per mandare in rilassamento qualcuno o te stesso, pensaci. Hai tante occasioni di accedere a uno stato di relax durante il giorno, quindi sfruttale. Ma, ovviamente, resta comunque vigile nelle situazioni che lo richiedono. Ricordi il monito di Bandler? Attenzione a non addormentarti quando sei alla guida! In quel caso dì a te stesso: «Ora che sto salendo in macchina e mi dirigo verso casa, presto sempre grande attenzione alle persone che attraversano e alle macchine che incrocio e facendolo sento di stare molto bene con me stesso».

Tutti i giorni posso utilizzare il tempo del tragitto casa/lavoro per rilassarmi e pensare a nuove idee, nuovi progetti o semplicemente per darmi energia utile per affrontare la giornata senza per questo correre rischi. Anche al cinema datevi l'idea di godere il film che state vedendo, di viverlo come foste voi il protagonista. Ovviamente fatelo se il film è bello; se è un film horror evitatelo!

Mentre con le prime due forme di induzione complessa l'approccio a chi deve rilassarsi è stato molto sottile ed elegante, con l'ultima forma, l'**induzione diretta 10>1**, è invece molto più diretto. Qui agiamo al contrario: se prima l'induzione era indiretta, ora è diretta. Quindi puoi tornare ad utilizzare i truismi e dire: «Mentre sei qui, mi guardi e ascolti la mia voce e vedi tutte queste persone che ci guardano, puoi cominciare a rilassarti. E mentre sei su questa sedia e senti la sensazione della seduta sotto di te, puoi cominciare a immaginare quello che sto per dirti».

Utilizzando questa tecnica puoi immaginare di salire una scala o di scenderla, se lo preferisci e ti dà maggiore rilassamento. Puoi pensare di contare ogni scalino che scendi, dal 10 al 9, dal 9 all'8, dall'8 al 7 e così via fino all'1 e di sentirti, ad ogni passo, sempre più rilassato. Alla fine ti sentirai completamente rilassato, com'è successo poco fa con Marco.

E mentre sei qui e tutti stanno guardando questa dimostrazione e sanno che tu sei bravo a rilassarti – anche perché sei un medico e conosci il funzionamento della tua mente –, sai di poter scendere uno ad uno i gradini della tua scala immaginaria e di rilassarti sempre di più. **Però** non ti voglio far rilassare adesso e nemmeno voglio che ti addormenti, quindi torna dall'1 al 10, esci dallo stato di rilassamento e torna tra noi.

Vedete? Il "però" è stato sufficiente a farlo risvegliare, tutto ciò che ho detto dopo è stato in più. Basta interrompere la serie di transizioni e cambiare il proprio tono di voce, per far sì che la persona esca dal suo stato di rilassamento.

Avete visto come stava crollando e come, quando l'ho interrotto, si è subito risvegliato? In uno stato di rilassamento del genere non è necessario chiudere gli occhi, anzi, voglio che impariate a rilassarvi a occhi bene aperti, perché deve servirvi nella vita di tutti i giorni. Voglio che lo usiate quando è più opportuno per voi, e il vostro inconscio sa quando è più opportuno. Va bene, un applauso al nostro dottore.

****************************************************

Se già sei in grado di entrare in stati di rilassamento in date situazioni, continua così, perché funziona, è già sperimentato e va bene. Se vuoi entrare in stati di rilassamento più profondi o vuoi usare altre tecniche, puoi scegliere tra quelle che stiamo imparando oggi. Lascialo decidere al tuo cervello, ormai ne conosci tante, le hai scritte, praticate e memorizzate. Per cui, in questo momento, mentre stai leggendo, puoi iniziare a rilassarti. Il tuo obiettivo è carpire nuove idee per il tuo lavoro e per molte altre cose. Puoi usare tutte le tecniche contemporaneamente, combinandole fra loro o una per una; ognuno può deciderlo liberamente e responsabilmente.

Fondamentalmente l'idea che vuole trasmetterti Bandler è che devi acquisire una sorta di "senso di responsabilità" dei tuoi stati d'animo. Secondo la PNL, che dedica un'intera branca alla gestione dello stato d'animo e dello stato emotivo, sei in grado di decidere come sentirti in ogni momento della tua giornata.

Se vuoi entrare in stato di rilassamento, ti avvantaggerai delle tante strategie avanzate di ipnosi segreta ideate dai maestri fondatori della PNL che oggi ti ho spiegato. Non importa se ti stai annoiando a morte mentre sei in fila in banca o se una persona ti infastidisce proprio mentre sei impegnato a fare qualcosa che ti interessa; questi elementi di disturbo, che a prima vista sono evidenti limiti al relax, si posso trasformare in ancore per approfondire il tuo stato di rilassamento. Quindi, in ogni caso, devi avere pieno stato di responsabilità.

Ho un'amica dalla quale ho imparato cos'è il senso di responsabilità. Un grave incidente automobilistico le ha lasciato come ricordo una lunga cicatrice che le taglia la fronte e, attraversando il sopracciglio, prosegue lungo la testa. Nei primi tempi in cui la frequentavo mi trovavo in forte imbarazzo; avrei voluto chiederle cosa era successo, ma mi tratteneva il riserbo nei suoi confronti. Tuttavia mi rendevo conto che fare finta di nulla era forse anche peggio.

Alla fine ho affrontato l'argomento, pensando che, probabilmente, lei fosse abituata a sentirsi rivolgere domande sul suo incidente. Infatti non mi sbagliavo, ha reagito con grande equilibrio e si è aperta con me, raccontandomi l'accaduto: «Una sera uscivo dalla discoteca assieme a una mia amica. Avevamo bevuto un po', lei più di me e infatti era piuttosto brilla. Una volta arrivate alla macchina le chiesi se preferiva che guidassi io, ma lei mi rispose che si sentiva bene e che non c'era problema.

La sua risposta non mi convinse e insistetti, ma lei, ancora una volta, volle tranquillizzarmi, dicendomi che si sentiva a posto, che non c'era da preoccuparsi. Ovviamente, in preda ai fumi dell'alcol, era sicura di esser lucida, ma non lo era affatto. Io, comunque, accettai che si mettesse al volante, pensando che in fondo la macchina era sua e che probabilmente sapeva ciò che faceva. Purtroppo, fatte poche centinaia di metri, sbandammo facendo un brutto incidente e io mi procurai questa ferita alla testa».

Pensai che probabilmente ce l'aveva a morte con la sua amica, che dopo tante raccomandazioni si era comunque voluta mettere alla guida mettendo a rischio la vita di entrambe, così glielo dissi. Tuttavia lei mi rispose: «Non posso darle la responsabilità per ciò che è successo, la colpa è mia che le ho permesso di guidare nonostante fosse evidentemente ubriaca. In questo modo ho messo a rischio la vita di tutt'e due e la brutta cicatrice che mi è rimasta non è che la conseguenza della mia scelta».

Pensai che fosse davvero ammirevole. Al contrario, ci sono persone che non sanno neanche cosa sia il senso di responsabilità. Ad esempio c'è chi sta male per due mesi se ha uno scontro verbale o anche semplicemente uno scambio di idee un po' colorito con un'altra persona; ma chi fa così non ha senso di responsabilità nei confronti dei propri stati d'animo. La ragazza di prima è da ammirare in questo senso, come chi, finito sulla sedia a rotelle per cadute anche stupide o per incidenti, ha comunque accettato la cosa assumendosene la responsabilità.

Devi assumerti la responsabilità dei tuoi stati d'animo, perché è un modo molto giusto di affrontare la vita, per farlo in maniera divertente. Quindi, anche quando ti dai delle suggestioni per rilassarti, fallo divertendoti. Ricordi? A me è successo di dover attendere delle ore il tecnico, ma non mi sono irritato, piuttosto ho pensato a un modo divertente o quantomeno creativo di trascorrere il tempo, perché fosse godibile e non venisse sprecato.

Quando è arrivato ti assicuro che ero triste, perché non volevo interrompere quello stato. Stavo talmente bene! La situazione era perfetta: leggevo un libro che adoravo, dai contenuti interessanti, che mi ha permesso di sviluppare nuove idee e, avendo tempo, di annotarmele su di un foglio. L'arrivo del tecnico ha interrotto un circolo piacevolissimo, sarei stato lì tutto il giorno. Questo succede quando sei in uno stato buono, magari immerso nella lettura, e il tempo passa velocemente.

Quindi, facendo il punto della situazione, tu puoi utilizzare sia induzioni semplici che complesse. In primo luogo le induzioni semplici sono molto schematiche e riguardano esclusivamente il linguaggio; i truismi, infatti, sono una tecnica "di base". Le induzioni complesse sono strategie più avanzate che, al contrario delle semplici, utilizzano strumenti come la rievocazione, più sottile ed elegante. La suggestione, quindi, risulta velata, ma è comunque molto efficace. Ti parlo di esperienze di rilassamento vissute quotidianamente da me o da un mio amico e in questo modo, senza che tu te ne accorga, ti porto a rilassarti. Nel farlo mi aiuto anche con la voce, rallento la mia velocità nel parlare e rendo il tono più profondo.

L'induzione diretta 10>1, infine, è la metodologia di rilassamento più classica. Qui posso aiutarmi con l'idea della scala, che alcune persone preferiscono immaginare di salire, altre di scendere. Un'altra idea utile consiste nell'immaginare di salire su una mongolfiera, man mano che si acquista quota i pensieri divengono più rarefatti e ci si sente più leggeri. Non ti elenco altre possibilità, proprio perché tu possa dare libero sfogo alla tua creatività e alla sperimentazione delle tue idee.

Ricorda ciò che Bandler dice sempre, ossia: «Lascia le persone in uno stato migliore di quello in cui sono quando le incontri». Quindi, se incroci un tuo amico e lo vedi abbastanza agitato, prova a farlo rilassare utilizzando le induzioni che hai imparato.

Puoi provare da subito con le induzioni dirette, ora che le conosci. Io, ad esempio, parlando con Maurizio ho fatto riferimento all'esercizio fatto con Marco. Tu puoi parlare di un tuo amico che si è rilassato in un certo modo o di come ti sei rilassato tu in un certo momento della tua vita. Ancora, puoi dire di come ti rilassi guardando un film o quando ti trovi in coda in banca, bloccato nel traffico e così via. Ad esempio: «Sai, l'altro giorno sono andato a fare una passeggiata a Villa Borghese. Sentivo solo i suoni della natura, il fruscio del vento, il cinguettio degli uccellini. Poi mi guardavo interno e vedevo le persone in bicicletta e mi sentivo molto, molto, molto rilassato». È una situazione assolutamente possibile.

L'importante, ora, è imparare a rilassare te stesso e gli altri, fornendo suggestioni all'interno di racconti come questo e aiutandoti anche con la modulazione della voce. Parti con un tono di voce normale, pian piano abbassalo e rallenta il ritmo delle tue parole, perché tu sei congruente con te stesso e quindi, parlando di rilassamento, ti rilassi.

C'è un'ottima tecnica di public speaking che aiuta a calibrare la propria voce a seconda del contesto che si vuole creare, è denominata tecnica del **sottotesto**.

Di cosa si tratta? Diciamo che tu voglia rilassarti o rilassare chi è con te in un dato momento, immagina allora di avere in testa un cartello con su stampata la parola "relax". Nel parlare ti accorgi sin da subito di aver adottato involontariamente un tono di voce basso e soffuso, di esprimerti con maggiore lentezza e suadenza, tutto perché hai in mente la parola "relax".

Se parlando fai un'induzione semplice o complessa pensando al relax, la tua voce, automaticamente, diventa più rilassata. Se, al contrario, pensi di avere in testa un cartello con su stampata la parola "ridere", la tua voce risulterà squillante e allegra, parlerai con il sorriso stampato sulle labbra e addirittura ti verrà da ridere.

Quindi la parola che hai in mente determina l'emozione che trasmetti a te stesso e agli altri. Se stai cercando di calmare un tuo amico agitato e vuoi trasmettergli il rilassamento, immagina di avere in mente la parola "relax"; se invece gli stai raccontando una barzelletta e vuoi trasmettergli divertimento, pensa alla parola "ridere". Ancora, se sei con una ragazza che ti piace molto e vuoi creare un'atmosfera favorevole all'innamoramento, pensa di avere in mente la parola "amore" o "passione" e, anche in questo caso, sentirai cambiare la tua voce, che si adatterà alla situazione. È molto utile, ti pare? Una buona strategia che può aiutare anche chi non è particolarmente bravo a modulare la propria voce.

**SEGRETO n. 13: le induzioni complesse, schemi linguistici più avanzati e raffinati rispetto alle induzioni semplici, sono di tre tipi: il riaccesso, gli stati di trance quotidiana e l'induzione diretta 10>1.**

La tecnica del riaccesso è molto simile a quella che permette di estrarre la strategia di una persona, ad esempio, la strategia di seduzione, ovvero il modo in cui una persona arriva a sentirsi sedotta. È una tecnica che Anthony Robbins, grandissimo formatore motivazionale, ha messo in atto facendo una dimostrazione durante un suo corso. Ha chiesto a una ragazza del pubblico di salire sul palco, ha estratto la sua strategia di seduzione e l'ha sedotta davanti a diecimila persone.

Riaccedere a uno tuo stato interiore, a delle risorse che possiedi, prevede un percorso preciso. È come eseguire una ricetta di cucina: se ti fai spiegare la ricetta di una torta con dovizia di particolari e tempi, e la segui attentamente, è quasi certo che otterrai un risultato uguale o simile.

Se tu stesso o la persona che vuoi rilassare ha già, dentro di sé, un modo per accedere a uno stato di rilassamento – perché, magari, l'ha già provato nella sua vita e gli è riuscito, senza mettere in atto chissà quali tecniche –, ti limiterai a far riaccedere te stesso o la persona a quell'esperienza, perché la strategia è già in chi ha vissuto precedentemente l'esperienza.

Per semplificare e velocizzare puoi chiederti qual è l'ultima volta in cui ti sei sentito veramente rilassato. Ti concentri e ti torna in mente la volta in cui, facendo una passeggiata nel parco, guardando un bel film, o guidando nel traffico cittadino, ti sei sentito in perfetto stato di relax. Nella vita di ognuno ci sono decine di esempi di stati di rilassamento, tornarci con la mente non è che uno dei modi più semplici e veloci per riaccedere a quello stato.

Vedrai, dopo aver fatto tanti esercizi e tanta pratica, sarà sempre più facile entrare in uno stato di rilassamento. Se fai già rilassamento, meditazione e così via, sai che inizialmente si possono incontrare alcune difficoltà: non è facile, da subito, andare molto in profondità. Però più ti eserciti, più ti sarà facile e immediato, grazie alle tecniche segrete della PNL che oggi hai imparato, entrare nel giusto stato.

Io ricordo di aver appreso, come prima tecnica di rilassamento, l'induzione diretta. Mi parlarono dell'immagine della scala e dei gradini da 10 a 1. Il rilassamento durò mezz'ora, sembrava non finisse più, però si andava anche molto in profondità.

In seguito l'ho ripetuto più e più volte, tanto che ora posso immaginare, per arrivare allo stato di rilassamento, di fare un salto dal decimo al primo gradino, finendo direttamente in fondo alla scala. Cerco di essere veloce e di saltare un po' di livelli, perché non è necessario fare ogni volta tutto da capo. Quando hai interiorizzato l'esperienza di rilassamento, riaccedervi è quanto di più semplice possa esserci.

La cosa interessante di queste strategie sta nel mix che si realizza tra lo stato di relax e lo stato di veglia. Puoi far tutto con gli occhi aperti, anche stando in piedi, e puoi ripetere queste tecniche in qualsiasi momento della tua giornata. Bandler, a volte, prende in giro le metodiche proprie dell'ipnosi classica dicendo: «Non capisco a cosa servano alcuni fenomeni come, ad esempio, il braccio catalettico. Cosa dimostra il fatto che un braccio rimane fermo? Niente. A cosa serve? A niente. Certo, fa scena, è una suggestione per dimostrare che possono succedere cose strane!»

A questo proposito Bandler afferma che lo stato di allucinazione, un fenomeno che spesso spaventa, non è, in realtà, proprio dell'ipnosi classica. Quanti bambini conosci che giocano con chissà quali personaggi immaginari? Sono pazzi, sotto ipnosi o cosa? Niente di tutto ciò, semplicemente stanno allucinando delle persone che conoscono oppure dei personaggi inventati. È una funzione del cervello e si chiama "fantasia".

Il mio nipotino, ad esempio, prende in mano il pupazzo di Batman e lo fa volare e in quel momento si sente davvero Batman. Oppure a volte fa il verso di far uscire le ragnatele dai polsi come l'Uomo Ragno e in quel momento lui pensa di esserlo, ma non è pazzo, è un bambino che fa lavorare la sua immaginazione.

Per lo stesso principio se a mia moglie sottoponi la piantina di una casa, è da subito in grado di vederci una reggia. Sa come trasformarla nel modo più bello in assoluto, con gli interventi più azzeccati e i mobili più giusti. Come fa? È semplice: è brava ed è in grado di allucinare queste cose. Ma la stessa cosa capita ogni giorno ad ogni individuo.

Ti è mai capitato, ad esempio, di cercare il sale senza trovarlo, salvo poi accorgerti che era lì, nel solito posto? È un'allucinazione: non lo vedevi perché credevi che non ci fosse. Oppure, identica situazione, cerchi ossessivamente le chiavi della macchina e non le trovi, eppure, dopo poco, ti accorgi che erano lì, dove le riponi ogni giorno. Il non vedere una cosa quando c'è, è una situazione definita in ipnosi come **allucinazione negativa**, ossia faccio sparire una cosa che è davanti ai miei occhi. Di fatto si tratta di fenomeni che viviamo tutti i giorni.

Il bello della PNL consiste nel fatto che sceglie le strategie e le tecniche più interessanti, che hanno una rispondenza nella realtà quotidiana, nel senso che questi fenomeni accadono normalmente tutti i giorni. Ecco perché siamo in grado di entrare in uno stato di rilassamento anche da svegli e a occhi ben aperti, magari mentre siamo in fila in banca.

**SEGRETO n. 14: lo stato di allucinazione non è un'esclusiva dell'ipnosi classica, ogni individuo è in grado di accedervi ogni giorno e più volte al giorno grazie alla propria immaginazione.**

RIEPILOGO DEL GIORNO 2:

- SEGRETO n. 7: la tecnica dei truismi, anche detta del campo affermativo, mira a creare sintonia con l'interlocutore ricalcandone l'esperienza interiore.

- SEGRETO n. 8: per entrare in sintonia con il proprio interlocutore e ricalcare nel miglior modo possibile l'esperienza che ha in mente, è consigliabile utilizzare truismi che tocchino tutti e tre i canali sensoriali: visivo, auditivo e cinestesico.

- SEGRETO n. 9: l'incorporazione consiste nell'integrare il proprio percorso verso lo stato di rilassamento con elementi esterni inattesi e potenzialmente disturbanti che, in tal modo, diventano innocui e non lo compromettono.

- SEGRETO n. 10: due forme alternative di incorporazione sono le tecniche di anticipo delle obiezioni e di verifica dello stato. Con la prima si anticipano obiezioni altrui disturbanti per il proprio stato di relax bruciandole sul nascere, con la seconda ci si danno suggestioni sul proprio stato di rilassamento.

- SEGRETO n. 11: la calibrazione è l'abilità, che puoi acquisire nel rilassare un'altra persona, di capire ciò che stai cogliendo e cosa no dell'esperienza che ha in mente, aggiustando di volta in volta la tua strategia per aderirvi il meglio possibile.

- SEGRETO n. 12: per raggiungere uno stato di rilassamento soddisfacente è fondamentale fissare preventivamente un buon setup, che serve a capire il cosa, il perché e il come di ciò che si intende fare.

- SEGRETO n. 13: le induzioni complesse, schemi linguistici più avanzati e raffinati rispetto alle induzioni semplici, sono di tre tipi: il riaccesso, gli stati di trance quotidiana e l'induzione diretta 10>1.

- SEGRETO n. 14: lo stato di allucinazione non è un'esclusiva dell'ipnosi classica, ogni individuo è in grado di accedervi ogni giorno e più volte al giorno grazie alla propria immaginazione.

# GIORNO 3:

## Utilizzazione dell'Ipnosi

L'utilizzazione dell'ipnosi costituisce il "volo", ovvero i diversi modi in cui puoi utilizzare il tuo stato di rilassamento. È utile per attivare nuove risorse, per sfruttare quelle già in tuo possesso o per creare cambiamenti generativi, obiettivi e abitudini. Si tratta di saper usare e sfruttare il momento del relax. Se nel decollo fai in modo di metterti in uno stato di rilassamento, durante il volo lo utilizzi per raggiungere gli obiettivi che ti sei prefisso nel momento del decollo, nel setup. In altre parole si tratta del "perché".

Diciamo che vuoi sfruttare i dieci minuti che hai a disposizione per trovare nuove idee. Quindi ti metti in stato di rilassamento e poi lo usi per cogliere intuizioni, dopodiché uscirai dallo stato di rilassamento arricchito di valide risorse. Questo è il cammino che ora dovrai intraprendere.

Per spiegare il volo occorre una dimostrazione, perché, come sempre, i fatti valgono più di mille parole. Per cui ti riporto la trascrizione di un esercizio svolto in aula.

******************************************************

GIACOMO: Chi vuole venire? Marco? Bene, un applauso a Marco. Sei pronto ad andare in uno stato di rilassamento?

MARCO: Sì.

GIACOMO: Vuoi accedervi velocemente o lentamente?

MARCO: Mediamente.

GIACOMO: Mediamente; va bene. L'importante è che tu presupponga di volervi accedere. Ora è necessario che ti ponga un obiettivo, perché ti induci uno stato di rilassamento che poi utilizzerai per un qualche motivo. Qual è il tuo obiettivo? Quale risorsa ti piacerebbe maggiormente avere nella tua vita o in alcune situazioni particolari?

MARCO: Lucidità nell'ascolto.

GIACOMO: Va bene. Ora che sei qui e ascolti la mia voce, puoi vedere che ci sono molte persone curiose di sapere in che modo riuscirai a ottenere la risorsa che ti occorre. Mettiti seduto come più stai più comodo e, *mentre* inizi ad avvertire le sensazioni che ti arrivano, lasciati andare all'interno di te stesso per cominciare a richiamare alla mente un momento in cui ti sei sentito molto lucido, in cui hai ascoltato in maniera molto lucida qualcuno che ti parlava. E *mentre* ti parlava le sue parole ti arrivavano alle orecchie e nella mente.

Notate tutti come, a questo punto, la sua respirazione sia cambiata. Intanto tu puoi semplicemente continuare a pensare al momento in cui il tuo ascolto è stato davvero molto lucido. Immagina che la sensazione di ascolto lucido che stai provando si espanda pian piano per tutto il tuo corpo. Fa' sì che arrivi dappertutto, in modo che ogni volta che ti renderai conto che chi ti parla sta dicendo cose interessanti, che vale la pena ascoltare, tu sarai pronto a recepirle. Immagina che le parole di questa persona ti arrivino e ti si stampino nella mente. Le puoi ricordare, le ascolti con interesse, sei contento e sei divertito nell'ascoltarle. (Marco ride). Bene, calibrate sempre, il sorriso è molto facile da vedere, è buon segno.

Mentre sei qui, ti rendi conto che l'ascolto lucido è una cosa importante e, una volta che avrai recuperato questa risorsa, la potrai utilizzare quando vorrai, quando più lo riterrai opportuno. Sarà la tua mente a suggerirti il modo più giusto di usarla. Ci saranno casi in cui sarà importante ascoltare e altri in cui non lo sarà e, quindi, potrai essere meno attento. Tu, semplicemente, ascolta quello che per te è importante in ogni momento e utilizza l'ascolto lucido quando ne avrai bisogno.

Quindi, mentre siamo qui e ti dico queste cose, puoi tornare al momento attuale, in cui ci sono, davanti a te, molte persone che ti guardano, che sono contente e divertite di questa dimostrazione e sono pronte, pensa, a farti un applauso. Fallo anche tu, che ti fa bene!

***************************************************

Ti sei reso conto di come sia facile richiamare una risorsa? Nel caso della dimostrazione è stato il mio allievo a sceglierla, e va bene così. Se stai aiutando una persona a rilassarsi, fa' sì che sia lei stessa a decidere la giusta risorsa da richiamare. Per cui, anche se ora ci stiamo concentrando sul volo, non dimenticare di fare un buon decollo.

Puoi usare le tecniche che preferisci per richiamare la risorsa desiderata. In questo caso ho utilizzato dei truismi e delle transizioni: «Mentre sei qui e ascolti la mia voce...», poi sono passato abbastanza velocemente alla fase del volo. È anche importante fare un buon setup e dire: «Qual è l'obiettivo dell'esercizio? Estrarre una risorsa. È questa è la risorsa? Me lo confermi? Sì? Va bene».

Il mio allievo mi ha spiegato che voleva recuperare una risorsa di lucidità nell'ascolto. Ebbene, per essere certo di non sbagliare, nel parlargli ho ripetuto la sua frase utilizzando le medesime parole. Cambiare anche un solo termine, infatti, avrebbe potuto portarmi a deviare irreparabilmente dall'esperienza che aveva in mente, impedendomi di continuare ad aiutarlo nell'estrarre la risorsa voluta.

L'ho quindi portato a riaccedere a un'occasione in cui era stato un ascoltatore molto attento, ossia, come lui stesso ha detto, era stato "molto lucido nell'ascoltare qualcuno che gli parlava". Gli ho consigliato di tornare con la mente a quell'occasione e gli ho fornito alcune suggestioni per recuperare la risorsa della lucidità e tenerla con sé, per poi riutilizzarla nelle occasioni più opportune.

Infatti, una volta uscito dallo stato di rilassamento, il mio allievo si è trovato arricchito della risorsa che desiderava, pronta per essere recuperata con maggiore facilità ogni qual volta gli fosse servita. È importante dire a chi fa questo esercizio (te o un altro) che potrà recuperarla, in futuro, tutte le volte che ne avrà bisogno, perché altrimenti non lo farà.

Ricorda che l'inconscio è come un bambino: prende le istruzioni alla lettera; per questo motivo, se non gli dici espressamente di fare qualcosa, non lo farà. In più devi anche fare attenzione al linguaggio che usi. Come ricordavo, il cervello non riesce a rappresentarsi il "non", quindi non puoi comunicare all'inconscio di "non" fare una certa cosa, perché non recepirebbe il messaggio. Nello stesso modo, se provi a dire a un bambino di "non" toccare un vaso prezioso, sicuramente cercherà di toccarlo e, magari, lo romperà. Lo farà perché gli è stato detto, non se lo è inventato.

Pochi giorni fa, ad esempio, è venuto il mio nipotino a vedere la nuova casa. Tra i vari discorsi abbiamo parlato del camino e il bimbo ci ha sentito. La mamma quindi gli ha raccomandato di non avvicinarsi e lui che ha fatto? È corso proprio in direzione del camino! Fortunatamente io ero lì pronto a bloccarlo! Quindi, attenzione a ciò che comunichi all'inconscio, perché vuole istruzioni chiare, semplici e precise.

Nell'esercizio con il mio allievo il procedimento è stato semplicissimo, infatti, tramite un'induzione semplice con i truismi, l'ho fatto riaccedere al momento in cui si è reso conto che stava utilizzando quella risorsa e poi gli ho detto che l'avrebbe potuta utilizzare nuovamente in futuro, nel momento in cui ne avesse avuto più bisogno o che avesse ritenuto maggiormente opportuno.

Ricordo, tempo fa, durante un corso, di aver fornito delle suggestioni a un mio allievo riguardo allo svegliarsi la mattina. Si parlava di strategie e lui mi diceva: «La cosa che mi aiuta ad alzarmi, al momento del risveglio, è l'idea che, se non lo faccio in fretta, probabilmente farò tardi». Quindi, utilizzando una strategia "via da", si aiutava ad alzarsi spinto dalla paura di fare tardi al lavoro. Voleva cambiare strategia di risveglio e quindi gli fornii alcune indicazioni da seguire per la mattina successiva. Ebbene, quando l'ho rivisto, mi ha confessato di aver seguito alla lettera le mie istruzioni e di aver avuto, di conseguenza, un risveglio diverso e migliore. Io gli ho risposto che me lo aspettavo, perché in realtà non avevo parlato con lui, ma con il suo inconscio.

Nello stato di rilassamento (Alpha) si ha un controllo di se stessi assai maggiore rispetto allo stato di veglia (Beta), perché l'inconscio ascolta tutto, sa come gestire le cose e riconosce cosa è davvero importante, efficace e utile per la persona. Quindi, se gli arriva una suggestione negativa o sbagliata, si limita a non ascoltarla e, di conseguenza, a non eseguirla.

Ora fa' questo esercizio con il tuo partner, ripetendo esattamente ciò che ho fatto durante la dimostrazione in aula. Chi dei due vuole raggiungere lo stato di relax, deciderà la risorsa che desidera recuperare per poterla poi utilizzare. Si inizia con un'induzione semplice e poi, eventualmente, si prosegue con una complessa; si passa al volo e infine si chiude con il ricalco sul futuro, dicendo che la stessa risorsa potrà essere utilizzata nel momento ritenuto più opportuno. Ovviamente potrai eseguire l'esercizio anche da solo, in autoipnosi. Hai cinque minuti per fare l'esercizio, buon lavoro.

***

Ci sono alcuni aspetti di questa strategia che desidero chiarire: prima di tutto è importante non razionalizzarne troppo l'utilizzo. Devi lavorare soprattutto a livello inconscio, che, pur essendo un modello, è l'oggetto principale della tua attenzione.

Infatti, se è vero che richiami una risorsa che alla persona è utile, lo fai in ogni caso attraverso lo strumento di uno stato di rilassamento. L'esercizio può anche non avere come fine quello di recuperare una situazione di rilassamento ed estrarne la relativa risorsa, ma, magari, quello di recuperare una situazione di attenzione (come è capitato con Marco), di forza e molto altro ancora.

Ricorda, dopo aver raggiunto lo stato di relax, di fornire suggestioni per il futuro. Una volta richiamata la risorsa, infatti, la persona deve averla a disposizione senza doversi dire razionalmente cosa fare o non fare per riaccedere allo stato voluto. A Marco ho detto: «Hai avvertito la sensazione di essere lucido nell'ascoltare, ora falla scorrere per il corpo, amplificala e immagina di utilizzarla quando più ti serve».

Con queste parole gli ho procurato suggestioni sull'utilizzo della risorsa voluta anche per il futuro, su come impiegarla e in quali casi. Ad esempio: «Quando ti sarà necessario, ti renderai conto che il tuo cervello ti metterà in condizione di ascoltare lucidamente. Inoltre saprà distinguere i casi in cui è necessario da quelli in cui non lo è». Questo è ciò che maggiormente distingue questo esercizio da altri, in cui ci si limita ad accedere alla risorsa.

Questa strategia non solo ti permette di tornare allo stato nel quale possedevi la risorsa ma, attraverso situazioni inconsce, anche di riaccedervi con facilità per il futuro; infatti il tuo inconscio saprà suggerirti come e quando usarlo. Francesco, ad esempio, non voleva più svegliarsi in preda a sensazioni sgradevoli, preso dalla paura di fare tardi al lavoro. Piuttosto aveva voglia di aprire gli occhi e subito sentirsi contento e motivato. Ebbene, la mattina dopo aver ricevuto le mie suggestioni, per la prima volta è successo.

Ti accorgerai che la risorsa arriverà nel momento del bisogno, quando sarà necessario, la ritroverai. Mi rendo conto che per credere che questo possa davvero avvenire è necessario sperimentarlo. È strano pensare che sia sufficiente che qualcuno ti suggestioni per avere poi dei risultati concreti, sembra un miracolo, eppure è così. Io l'ho provato su me stesso e Francesco su di sé con il discorso del risveglio. Anche tu puoi provare: fallo!

Se, ad esempio, hai difficoltà ad alzarti la mattina, fai il prossimo esercizio con l'obiettivo di svegliarti in stato potenziante. Per farlo, richiama, ad esempio, lo stato di motivazione. Chiediti se ti è mai capitato di esserti svegliato motivatissimo a fare qualcosa. Io so che i miei allievi, la mattina di un corso, sono motivatissimi, ansiosi di conoscere e imparare.

Credo tu ti sentissi motivato nel momento in cui hai iniziato a leggere questa guida. Se è così, fai scorrere questa risorsa dentro di te, lasciala espandere sempre di più e immagina che domattina, al risveglio, come prima cosa penserai di possederla. Ti accorgerai di sentirti carico e motivato. Lascia che il tuo inconscio richiami lo stato di motivazione tutte le volte che sarà necessario, anche tutte le mattine, se questo è il tuo desiderio. Prova già da domani.

L'intento si realizza, perché il tuo inconscio recepisce le suggestioni che gli vengono date e poi le mette in atto. Ciò è più vero quando pratichi l'autorilassamento; infatti le suggestioni, in questo caso, hanno maggiore efficacia. Ora stai facendo gli esercizi con un partner, ma ripetili anche singolarmente, perché non avrai sempre qualcuno disposto ad aiutarti: devi imparare a cavartela da solo.

Io, ad esempio, se ho problemi a svegliarmi a una certa ora la mattina, mi do la suggestione ad aprire gli occhi all'ora desiderata. Ti assicuro che con questo metodo, molto noto, non mi serve più la sveglia! Se devo svegliarmi alle 7, è sicuro che alle 6,59 apro gli occhi, la strategia non sgarra una volta alla regola. Funziona perché il cervello ha in sé un orologio biologico che è in grado di farti svegliare all'ora che desideri. Nel dubbio e finché ti eserciti metti anche la sveglia, perché se non dovesse funzionare potresti arrivare davvero tardi, ma fallo e ti renderai conto che funziona perfettamente.

**SEGRETO n. 15: nella fase di volo devi metterti in condizione di raggiungere gli obiettivi fissati durante il decollo, nel setup iniziale. Puoi riuscirci richiamando risorse da te possedute e già utilizzate in alcuni momenti del tuo passato.**

La PNL ha scoperto che il cervello risponde positivamente a queste suggestioni. Bandler ha notato, in particolare, che ogni giorno siamo bersagliati da suggestioni. Basti pensare alle suggestioni che le mamme trasfondono ai loro bambini o che si trasmettono gli amici fra di loro. Tutto avviene in maniera del tutto inconsapevole, tanto che, a volte, si può fornire una suggestione negativa senza volerlo.

Se un tuo amico, con aria affranta, ti dice: «Oggi ho un mal di testa tremendo, hai presente quell'emicrania che ti fa stare davvero malissimo?», ti sta dando, senza saperlo e volerlo, delle suggestioni a farti star male e farti venire il suo stesso mal di testa. L'unico modo per difenderti, in questi casi, è dissociare. Sai che, pur involontariamente, ti sta dando una suggestione negativa, quindi, nel momento in cui la riconosci e sai che non ti piace, non la accetti e gliela lasci.

Io, durante i miei corsi, do moltissime suggestioni ai miei allievi, sia per facilitare l'apprendimento da parte loro delle varie strategie sia perché le possano poi utilizzare al meglio. Ad esempio sono in grado, in una sola giornata, di insegnare loro a parlare in pubblico. È possibile perché utilizzo una particolare metodologia che mi permette di moltiplicare gli effetti e i vantaggi della tecnica che sto insegnando.

Parliamo ora dei **cambiamenti generativi**. L'idea di cambiamento generativo corrisponde al voler mirare al massimo in ciò che si fa, rendendo eccellente ciò che è già ottimo. La PNL ha un atteggiamento prettamente generativo, in quanto vuole migliorare, attraverso l'uso di strategie avanzate, ciò che già va bene, raggiungendo obiettivi piuttosto che risolvendo problemi.

A questo proposito ho un aneddoto da raccontarti. Una volta un ragazzo andò da Bandler e gli disse: «Ascolta Richard, io voglio lavorare sui rapporti con le donne, voglio essere in grado di sedurre bene». Bandler replicò: «Perché, non sei capace di farlo? Non ci riesci?» Lui rispose candidamente: «No, no, ci riesco e anche molto bene». Bandler, incuriosito, chiese: «Sì? E quindi che vuoi?» E lui: «Voglio farlo ancora meglio!» «Bravo, finalmente una persona che ha capito lo spirito della PNL!»

Bandler è entusiasta di questa affermazione, perché il fine della PNL non è quello di guarire o curare, secondo la PNL non esistono persone malate o sbagliate, le persone sono tutte giuste e sane, ognuna con la sua soggettiva realtà. Questo ragazzo, che sa già relazionarsi bene con le donne, semplicemente vuole imparare a farlo meglio.

Quante persone conosci che stanno bene ma vorrebbero stare meglio? Poche. Bandler, in proposito, si immagina come sarebbe bello se le persone, andando dal medico, dicessero: «Dottore, io sto bene ma vorrei star meglio», sarebbe fantastico, ti pare?

 Pensa il medico stesso quanto sarebbe felice se le persone, invece che associarlo alla tristezza e alla malattia, lo legassero all'idea di un benessere portato all'estremo! Lo vedrebbero come un coach, come un maestro dello star bene e lo amerebbero alla follia.

Passiamo ora a una dimostrazione pratica dell'efficacia dei cambiamenti generativi. Perché il concetto ti sia più chiaro possibile, ti riporto la trascrizione di un esercizio eseguito in aula.

*************************************************

GIACOMO: Bene, cominciamo. Ad esempio: chi tra voi è molto appassionato di PNL? Nessuno alza la mano? Strano! Tutti? Allora devo fare altre domande. Chi di voi vuole venire qui a fare una dimostrazione? Francesco? Bravo!

Allora, di cosa vogliamo parlare? Sei appassionato di PNL, almeno così dici di essere. Non lo so, siete d'accordo con il fatto che sia un appassionato di PNL? Sì? Bene, ma quanto sei appassionato da uno a dieci?

FRANCESCO: Otto.

GIACOMO: Bene, otto è un buon valore, ma, come sai, in PNL miriamo all'eccellenza e credo che anche tu vorresti essere appassionato dieci. È così? Bene, allora, ora che sei qui e ascolti la mia voce, mentre osservi le facce stupite dei tuoi colleghi di fronte a te, ti rendi conto di quanto sia interessante lavorare sul rilassamento, per poi scoprire tante cose nuove su di te e sulla tua capacità di fare esercizi e di raggiungere risultati. Puoi immaginare di rivivere un'occasione in cui stavi facendo un esercizio di PNL per te particolarmente appassionante, magari con un tuo amico, oppure da solo. Mentre immagini questa situazione senti vibrare ed espandersi la passione dentro di te.

Questa passione è qui, ti accompagna anche se sei in un'aula, anche se senti la mia voce, anche se ci sono altre persone intorno a te; per questo ti rendi conto di possedere una strategia per sentirti particolarmente appassionato. Perché, a ben vedere, non hai passione per tutti i tuoi interessi nella stessa misura in cui la hai per la PNL ed è importante capire cos'è che fa la differenza.

Quindi, mentre sei particolarmente rilassato e pensi alla tua passione, mentre immagini di essere all'opera e di fare qualche esercizio, pensa a ciò che fa la differenza. Non c'è bisogno che tu me lo dica, né che tu lo dica a te stesso, perché non è detto che ti venga in mente subito. L'importante è che lo sappia il tuo inconscio, che, mentre sei qui, sta elaborando ciò che veramente ti appassiona per replicare e moltiplicare questa sensazione in tutte le occasioni in cui vorresti che qualcosa ti appassionasse di più. Quindi lascia che sia l'inconscio a decidere quando utilizzare questa risorsa.

Prendi la passione che tu conosci bene, che il tuo inconscio conosce bene, e fa sì che si espanda per tutto il corpo, falla moltiplicare, raddoppia la sua velocità, triplicala, quadruplicala e poi comportati come ti detta il tuo inconscio in tutte le situazioni in cui lo ritieni opportuno: tutto avverrà in maniera automatica.

Oggi, dopo anni di esperienza, quando sei al volante della tua auto ti senti del tutto rilassato, anzi, alcune volte si può dire che tu ti diverta a guidare. Può anche darsi tu sia uno di quei pazzi scatenati che girano a duecento all'ora in città, chissà! Giri, giri… e poi la polizia ti arresta! (*si sente il suono di una sirena*) Non senti le sirene proprio qui fuori? Evidentemente sono venuti a prenderti perché sei troppo appassionato anche in macchina!

Mentre sei qui il tuo inconscio sta già elaborando informazioni e continuerà a farlo per tutto il giorno e forse anche stanotte, tanto che domani ti sentirai doppiamente appassionato. Ti sveglierai carico e motivato a venire qui e forse ti accorgerai che non hai più bisogno di parlare con il tuo inconscio, perché lavora indipendentemente dalla tua volontà. Quindi, ora… puoi tornare qui in aula a parlare con me. Puoi dirmi come ti senti?

FRANCESCO: Molto più attivo.

GIACOMO: Molto più attivo? Strano, non l'avrei mai detto!

FRANCESCO: È proprio una carica!

GIACOMO: Una carica, va bene. Allora ti facciamo un applauso, così ti carichi ancora di più!

*******************************************************

Non dimenticare, durante l'esercizio, di dire qualcosa di simpatico per far fare una risata alla persona con la quale ti eserciti, altrimenti la cosa diventa troppo seria. Bandler dice sempre che la PNL è caratterizzata da un atteggiamento di giocosità e di divertimento. Quindi, qualsiasi risorsa tu stia estraendo, che sia il rilassamento, la passione, la forza, l'attenzione e così via, mettici un pizzico di umorismo, inserisci qualcosa di divertente.

A un certo punto mi è parso che l'esercizio prendesse una piega eccessivamente seria, quindi ho integrato un elemento esterno.

Mentre parlavo del fatto che guidare la macchina è per Francesco ormai automatico, ho sentito un suono di sirene fuori dall'aula e mi è venuto in mente di prenderlo bonariamente in giro chiedendogli se, per caso, non fosse uno di quei pazzi che girano a duecento all'ora in città, avvertendolo dell'arrivo della polizia che passava a prelevarlo.

L'incorporazione è un qualcosa di incredibilmente potente, figurati che ne parla perfino Freud nel celebre libro *L'interpretazione dei sogni*. Se mentre dormi vi è un rumore disturbante, può accaderti di incorporarlo nel sogno che stai facendo. Se ad esempio ti suona la sveglia, ti può sembrare, nel sogno, che squilli il telefono. Poi ovviamente ti svegli perché il suono è forte e ti rendi conto che si trattava della sveglia. Dici: «Non era che la sveglia!» Sì, però il tuo cervello l'aveva integrata, incorporata nel sogno.

Freud ci racconta del caso di una persona alla quale, nel sonno, cadde qualcosa sul collo. Nel secondo in cui questo le successe, per suggestione, visse un sogno che le sembrò durato ore. Si vide soldato combattere durante la Rivoluzione francese. Sognò di essere catturato e condannato alla decapitazione per ghigliottina. Questa persona ebbe la precisa sensazione del taglio della testa soltanto perché gli cadde qualcosa sul collo e il tutto avvenne in pochi secondi. Attorno a quell'accadimento istantaneo, quindi, si era costruito un intero sogno, che alla persona sembrava essere durato ore e ore e non solo quell'istante di consapevolezza del colpo; è davvero incredibile!

Il cervello, per sua natura, lavora per processi mentali che hanno anche delle risultanze esterne. Quindi, se ad esempio una persona che sto facendo rilassare a un certo punto deglutisce o ha un moto di fastidio, posso dedurne che non è in completo stato di rilassamento.

Se fosse successo a me avrei potuto pensare di non aver integrato bene qualche elemento di disturbo presente nella classe, come il vociare o, magari, dei rumori esterni. Nel dubbio provvedo all'incorporazione di ciò che può limitare il rilassamento del mio allievo, cosicché, se anche aveva un po' di tensione, riesce a superarla e si può andare avanti.

È interessante anche l'idea delle suggestioni, prova anche su te stesso, non solo con il discorso del risveglio. Io, ad esempio, ho notato che quando sono fuori al ristorante e, magari, sto mangiando una pizza, se mi dico che è davvero molto buona mi piace ancora di più. Quindi, nel dubbio, conviene dirselo, perché la propria soddisfazione sarà comunque maggiore. Fai caso, invece, che pur mangiando un cibo buonissimo, che adori, se sei distratto da qualcos'altro non lo gusti fino in fondo. Alla fine ti penti, perché sai di aver fatto un peccato di gola senza aver goduto delle sensazioni piacevoli connesse al mangiare ciò che più ami.

Datti suggestioni sul fatto che la lettura di questa guida ti darà moltissima soddisfazione. Ti sentirai ancor più soddisfatto e più tardi sarai contento di aver letto e imparato queste strategie.

**SEGRETO n. 16: il cambiamento generativo corrisponde all'idea di voler fare meglio ciò che già si fa bene, rendendo eccellente ciò che è ottimo.**

Ora fai l'esercizio. Prendi una cosa che già sai fare bene, una risorsa che già possiedi, ma che vuoi padroneggiare meglio e vivere ancor più intensamente. Se sei appassionato 10 manda la passione a 10.000, se sei attento 100 porta la tua attenzione a 100.000. Hai cinque minuti, buon lavoro.

***

Ora che hai fatto l'esercizio, sai di aver fornito a te stesso un gran numero di suggestioni: non sottovalutarne il potere! Probabilmente ogni volta che il tuo dialogo interiore ti comunica qualcosa, ti sta dando una suggestione. Ogni volta che ti dici: «Oddio, oggi devo parlare in pubblico, non ce la farò, non mi uscirà la voce, inizierò a sudare copiosamente e avrò un vuoto di memoria», trasmetti suggestioni al tuo inconscio con il dialogo interiore. Qual è il risultato? Che di fronte al tuo pubblico non riesci a spiccicare una parola. Il perché è semplice: ti sei programmato ad agire in questo modo.

Sappi che le suggestioni negative funzionano perfettamente, assai meglio delle positive! Se ti programmi a fare qualcosa male, la farai certamente male, è garantito. Trova dentro di te questa esperienza, quante volte è andata così? Quante volte persone negative hanno tentato di sfiduciarti nei confronti di un tuo obiettivo? È pesante e, proprio per questo motivo, Robbins ti consiglia di liberarti di questo tipo di persone, perché non ti permettono di volare. Al contrario contornati di persone positive, che ti sostengono e ti aiutano ad acquisire autostima, sicurezza e coraggio nell'affrontare le situazioni più varie. La loro presenza è assai positiva, perché ti danno suggestioni a raggiungere con costanza i tuoi obiettivi, a far bene ciò che devi e vuoi fare.

Bandler dice che il meccanismo delle suggestioni positive/negative è già presente nel cervello, quindi perché non sfruttarlo a tuo favore? Giacché funziona così, ti darai suggestioni positive, come quella di vederti parlare con scioltezza davanti a un pubblico e non avrai più problemi, perché lo affronterai con decisione e sicurezza.

In realtà le suggestioni sono molto più presenti nella tua vita di quanto non pensi. Torniamo all'esempio delle pubblicità: se ci pensi, sono una continua suggestione! Ti stimolano ad andare in un dato posto perché ti rilassa o a comprare un certo prodotto perché ti fa star bene. Per convincerti utilizzano principi di suggestione già presenti nell'inconscio di ognuno.

Con le suggestioni, quindi, puoi arrivare a fare ciò che più desideri. E utilizzarle all'interno di uno stato di rilassamento raggiunto grazie alle strategie ipnotiche segrete della PNL significa prendere in mano il controllo del tuo inconscio.

Questo meccanismo si usa anche per la gestione e il raggiungimento degli obiettivi. Nei miei corsi di motivazione, infatti, mi avvalgo di un sistema molto simile, che in questo caso, però, viene amplificato e potenziato dallo stato di rilassamento, che permette un maggior controllo delle suggestioni sul proprio inconscio.

A me capita, durante le dimostrazioni di rilassamento, nei corsi in aula, di rendermi conto che la strategia sta funzionando non solo per il ragazzo che è con me ma anche per gli altri allievi che guardano. Questo perché, ovviamente, le suggestioni che offro non passano inosservate ai cervelli e agli inconsci degli altri allievi. Molti di loro entrano in stato di rilassamento e iniziano a guardarmi con occhi fissi.

Spesso, infatti, succede che le suggestioni date a una persona, involontariamente si trasmettano anche ad altre persone. Questo è accaduto anche a Bandler o Erickson, i quali, nell'indurre uno stato di rilassamento a un loro allievo durante un corso o una conferenza, finivano per rilassare tutto il pubblico, perché anche l'inconscio di chi ascolta viene colpito dalle medesime suggestioni. Quindi più mi ascolti, più le suggestioni che ti trasmetto ti aiuteranno a raggiungere i tuoi obiettivi. Te lo dimostro attraverso la trascrizione di un esercizio svolto in aula.

*********************************************************

GIACOMO: Chi vuole raggiungere i propri obiettivi? Tutti? Bene. E c'è anche qualcuno che vuole venire qui per raggiungere un obiettivo in particolare? Ho sentito un sì da là dietro. Facciamo un applauso ad Alessia. Sei pronta?

ALESSIA: Sì.

GIACOMO: A cosa?

ALESSIA: A raggiungere l'obiettivo.

GIACOMO: Così pronta che non hai neanche bisogno di me?

ALESSIA: No.

GIACOMO: O c'è qualcosa in cui ti posso aiutare?

ALESSIA: Beh, sì, dai: a darmi ancora più forza.

GIACOMO: Ancora più forza, va bene. Hai bene in mente questo obiettivo, immagino.

ALESSIA: Sì.

GIACOMO: Non c'è bisogno che tu ce lo dica, nella maggior parte dei casi la PNL non ha bisogno di conoscere i contenuti, basta lavorare sulla forma, sul processo. L'obiettivo è suo, se lo tiene per lei, rispetto la sua privacy, anche perché siamo di fronte a tante persone. Quindi mentre sei qui, ascolti la mia voce e pensi al tuo obiettivo, ti rendi conto che puoi raggiungerlo da qui a un certo periodo. Ora torna con la mente al momento in cui hai deciso di intraprenderlo.

Avete notato il movimento dei suoi occhi? Quando le ho detto: «Torna con la mente al momento in cui hai deciso», hanno guardato verso destra in alto. Dal movimento degli occhi si capisce che una persona sta elaborando delle informazioni, sta accedendo a uno stato, a un'immagine. In questo caso deduco che abbia visto un'immagine del momento in cui ha deciso. E il bello è che adesso lo ha rifatto!

Quindi, mentre ripensi a quel momento e ti rendi conto di quali sono le motivazioni che ti spingono a raggiungere il tuo obiettivo, tieni presente che l'inconscio sa quali sono e te le può restituire ogni volta che ci pensi o che incontri una difficoltà e ne hai bisogno. Perché sai che da qui al raggiungimento dell'obiettivo potranno passare giorni, forse mesi e nel cammino potranno capitare degli imprevisti.

Ovviamente, di fronte a questi imprevisti, potresti perdere un po'
di coraggio e di forza. Però il tuo inconscio sa quali sono le
motivazioni che ti spingono, perché avete deciso insieme di
intraprendere questo cammino. Quindi, di fronte ad ogni
incidente di percorso, sarà pronto a ricordartele e ad aiutarti a
raggiungere il tuo obiettivo. Al tempo stesso voglio che immagini
di arrivare per un attimo al momento in cui hai già raggiunto
l'obiettivo. Guardate che sorriso, l'ha già immaginato. È bello
questo momento?

ALESSIA: Molto.

GIACOMO: Molto bello, va bene. Immagina di averlo raggiunto
e di vivere questa situazione. Immagina di essere lì, guardati
intorno, sei tu in prima persona, ci stai dentro, guarda con i tuoi
occhi e guarda le persone che sono intorno a te. Queste persone
sono contente di vedere che hai raggiunto il tuo obiettivo.
Soprattutto, senti quello che ti dicono, gli applausi che ti fanno, i
complimenti. Ci sono tutte queste cose? Bene.

Avverti dentro di te la sensazione, credo piuttosto piacevole, che queste immagini ti danno. Pensa alla motivazione che ti ha spinto nel momento in cui hai deciso di intraprendere questo cammino e alla sensazione che vorrai provare quando avrai raggiunto il tuo obiettivo. Vivila adesso, sentiti bene in questo senso, sentiti anche divertita nel dire: «Sì, ce l'ho fatta! Ho vinto la mia sfida e mi sento bene». Ora, mentre vivi la sensazione di aver raggiunto il tuo obiettivo, prova a guardarti indietro, a guardare al tuo presente, a questo momento e dì a te stessa: «Ma cosa ho fatto nel tempo trascorso?», che può essere più o meno lungo… a proposito, quanto tempo è?

ALESSIA: Cosa intendi di preciso?

GIACOMO: Il tempo trascorso da oggi fino al raggiungimento dell'obiettivo.

ALESSIA: Sei mesi.

GIACOMO: Sei mesi, benissimo. Guarda cosa hai fatto in questi ultimi sei mesi, dal raggiungimento dell'obiettivo sino al presente. Ti guardi indietro e vedi tutti i cambiamenti che ci sono stati nel cammino verso il raggiungimento dell'obiettivo, guardali, vivili. Immagina che vi siano stati degli imprevisti, magari un risultato a breve termine non raggiunto, cose che possono capitare, ma tu non ti sei scoraggiata e hai vinto. Hai potuto farlo perché il tuo inconscio ti ha sempre sostenuto ricordandoti le tue motivazioni e ha saputo ben gestire i problemi che si sono presentati.

Ti rendi conto di essere arrivata al risultato e tutto è andato veramente bene. Hai affrontato ogni cosa nella maniera più giusta, con le risorse di cui hai avuto bisogno. Tieni conto di questa motivazione, svegliati con lei ogni mattina e lascia che il tuo cervello la tenga per tutta la vita, va bene?

ALESSIA: Grazie veramente, grazie.

GIACOMO: Grazie a te, Alessia.

********************************************************

La procedura è più o meno questa, ma è un'idea, non c'è uno standard da memorizzare passo per passo. Molto è lasciato alla tua creatività e alla flessibilità tua e della persona che hai di fronte. Per capire ciò di cui ha bisogno in un dato momento, devi renderti conto della reazione che ha alle tue suggestioni, ecco perché è necessario calibrare.

L'importante è che tu riesca a toccare i punti fondamentali dell'esperienza che la persona ha in mente, facendogliela rivivere. A questo scopo chiedile se ha ben presente il suo obiettivo, spingila a pensare alle sue motivazioni e a ciò che vorrebbe provare una volta raggiunto l'obiettivo.

Già che ci sei, rassicurala sul fatto che la sua motivazione riapparirà tutte le volte che incontrerà un imprevisto. Infatti, nel percorso verso un obiettivo a sei mesi, è facile che si incontri qualche inconveniente. Si sa che ci possono essere, ma possiamo fronteggiarli, siamo in grado di farlo, possiamo gestire il modo di reagire a questi incidenti di percorso. Per cui, attraverso alcune suggestioni, metti la persona con cui stai parlando in grado di fronteggiare eventuali problemi nella maniera più opportuna.

Sempre tenendo a mente le motivazioni che l'hanno spinta la prima volta. In questo modo potrà affrontare il suo cammino con maggiore serenità e sicurezza.

Dopodiché sposta l'attenzione sul punto di arrivo e cerca di far sì che la persona si senta come se avesse già raggiunto il suo obiettivo. Chiedile di immaginare di esser già arrivata alla meta, di vivere quel momento e di assaporare le sensazioni di gioia e soddisfazione connesse.

Infine dille di guardare il cammino alle sue spalle, di visualizzare i sei mesi vissuti in attesa di raggiungere l'obiettivo voluto. Invitala a pensare a tutto ciò che è successo, alle sfide affrontate e vinte, e dalle la suggestione ad avere sempre a portata di mano le sue motivazioni, a far sì che il proprio inconscio glielo permetta.

Quindi la procedura consiste nello stabilire quale sia il proprio punto di partenza e di arrivo, focalizzare le motivazioni iniziali e vedersi a obiettivo già raggiunto. L'aver visualizzato l'obiettivo come già raggiunto rafforza le tue motivazioni e la tua determinazione nell'arrivare alla meta che ti sei prefisso, nonostante gli imprevisti che, come abbiamo detto, possono comunque capitare.

Io ricordo di aver visto Bandler lavorare con una donna che aveva manifestato l'intenzione di mettersi a dieta. Dopo averle fornito una serie di suggestioni sul fatto che sarebbe stato il suo inconscio a suggerirle quando fermarsi perché sazia, le disse che le sarebbe potuto capitare di sbagliare, che le sarebbe potuto succedere di mangiare quel biscotto in più, quella merendina proibita e così via. Ma non per questo avrebbe dovuto pensare di aver fallito, ma, anzi, non avrebbe dovuto scoraggiarsi e sarebbe dovuta andare avanti riprendendo da dove aveva interrotto.

Ha cercato, cioè, di incorporare da subito i possibili imprevisti che le sarebbero potuti capitare. Bandler sa che si potranno verificare, quindi ha preferito prepararla. Può darsi che una persona si induca uno stato di rilassamento a scopo "dieta", poi capita un imprevisto, mangia una fetta di torta, e si sente fallita a tal punto da mollare tutto.

Al contrario, se viene preparata a tutte le eventualità, va avanti e pensa che tutto sommato era stata avvertita, si rende conto che un piccolo incidente di percorso poteva capitare a chiunque e che, nonostante questo, si va avanti lo stesso. In questo modo ha già dato istruzioni al suo cervello su come comportarsi in caso di errore.

Succede la stessa cosa quando ti capita di compilare un modulo in internet e, al tuo ok, il pc risponde che un dato manca o è errato. Che fai? Rinunci e chiudi? Assolutamente no! Inserisci o correggi il dato e vai avanti. Se sai cosa fare nel momento dell'errore, sai anche come andare avanti.

Attraverso queste suggestioni hai la possibilità di incorporare anche tutti i possibili problemi che potrebbero capitarti. Potresti poi suggestionarti in maniera ancora più vaga, dicendoti che, qualsiasi problema possa capitarti, qualsiasi obiezione gli altri ti possano fare, qualsiasi intoppo tu possa trovare, lascerai che il tuo inconscio ti offra uno spunto creativo per trovare la soluzione più giusta e andare avanti ugualmente. Non puoi essere più vago di così!

**SEGRETO n. 17: per aiutarti a concretizzare l'obiettivo che ti sei prefisso, puoi immaginare di averlo già raggiunto e immedesimarti nella situazione. La sensazione piacevole che avvertirai ti motiverà ancor più a volerlo ottenere il prima possibile.**

A questo punto sei diventato un esperto di stati di rilassamento e della loro utilizzazione. Perché è, sì, importante entrare in uno stato, ma lo è ancor di più saperlo utilizzare, altrimenti cosa te ne fai? Mettiamo che tu sia in fila in banca e, mentre sei in coda, ti rendi conto che dovrai attendere un bel po' prima che arrivi il tuo turno, perché ci sono molte persone prima di te. Senti che non ti va di stare lì, quindi ti poni in stato di rilassamento e pensi all'obiettivo che hai bene in mente e vuoi realizzare entro un anno. A questo punto lascia che il tuo inconscio ti suggerisca dieci nuove idee per raggiungere più velocemente quell'obiettivo.

Spesso ti è sufficiente dare l'avvio, poi il tuo inconscio si muoverà autonomamente. È qualcosa che hai già sperimentato in moltissimi casi, solo mai consapevolmente. Quante volte sei stato sul punto di ricordare un nome, che, però, non ti è venuto in mente? Tantissime. Poi che succede? Che passa qualche minuto, smetti di pensarci ed ecco che lo ricordi. Sembra strano ma non lo è, perché devi dare al tuo inconscio il tempo di risponderti!

Anche la memoria è quasi del tutto inconscia. Tu stesso probabilmente non utilizzi tecniche specifiche per memorizzare. Sì, esistono strategie per mandare a memoria dati, ad esempio i nomi. Una delle più famose consiste nell'immaginare di avere il nome da ricordare scritto su di un cartellino e di appenderlo al naso della persona, ripetendoselo un po' di volte, fino a che non si impara; oppure associarlo al nome di un'altra persona che si chiama nello stesso modo o, ancora, crearsi un'immagine di quel nome.

Io, però, adotto una tecnica diversa, che consiste nel dire al mio inconscio di ascoltare i nomi che mi interessa tenere a mente. Infatti, spesso non riusciamo a memorizzare dati perché non li ascoltiamo attentamente. Quando una persona si presenta a te e le dai la mano, lei ti dice il suo nome, ma tu sei talmente concentrato su quel rituale da non ascoltarla.

Io ricordo, prima di un corso che frequentavo, di aver pensato: «Va bene, inconscio caro, adesso conoscerò venti persone, fa' in modo di ascoltare tutti i nomi e ripeterli». Man mano che le persone si presentavano e io rispondevo, la mia gestualità era interrotta dall'idea di ascoltarne il nome, cosa che non mi era mai successa prima, e alla fine del giro ricordavo perfettamente tutti e venti i nomi.

Tutto questo senza utilizzare tecniche particolari che, tra l'altro, hanno lo svantaggio di dover essere usate con frequenza, altrimenti vengono dimenticate. Per arrivare al medesimo obiettivo è sufficiente dare al proprio inconscio la suggestione di ascoltare e memorizzare e lo farà senza troppa fatica. È un buon metodo, provalo, basta ascoltare con attenzione i nomi.

Le suggestioni, anche nella vendita, giocano un ruolo fondamentale. Dire a una persona che ha appena acquistato un tuo prodotto che si sentirà molto soddisfatta dell'acquisto, ti porterà a raddoppiare le vendite. Ovviamente il prodotto deve essere buono, perché altrimenti non può esserci soddisfazione. Ma se il prodotto è buono e tu dai alla persona, in aggiunta, la suggestione di sentirsi soddisfatta, andrà tutto a meraviglia e certo tornerà a comprare da te.

Io amo i venditori che danno buone suggestioni, perché se anche il prodotto è buono, il cliente si scopre più felice di averlo acquistato. Se compri qualcosa che ti piace, ad esempio un buon paio di scarpe, e in più il venditore ti dice che sicuramente ti troverai benissimo, che ti parrà di avere dei guanti ai piedi e ti sentirai comodissimo, sarai ancora più soddisfatto e contento. Le suggestioni sono buone, però anche il prodotto è buono e al cliente fa piacere ricevere buone suggestioni quando il prodotto è di buona qualità.

Tutto questo può servire anche per le **abitudini**. Perché lavorare sulle abitudini? Basta pensare alla metafora che ha dato origine alla denominazione "Programmazione Neuro-Linguistica": Bandler era un programmatore, un matematico, un genio dell'informatica. Gli piaceva programmare e vedeva la mente umana come un computer nel quale girano dei software; in quest'ottica, un'abitudine altro non sarebbe che un programma.

Una persona ti tratta male? Immediatamente avverti uno stato d'animo di rabbia e di vendetta; succede perché, dentro di te, sta girando un programma di rabbia e vendetta. All'input di un atteggiamento scortese, corrisponde un output di rabbia da parte tua; il discorso è molto lineare. Secondo l'idea di Bandler, la mente contiene una serie di programmi che altro non sono se non abitudini, schemi mentali, metaprogrammi e molte altre cose studiate dalla PNL.

Ovviamente non si nasce con queste abitudini, esse vengono acquisite. Nel corso della tua vita hai avuto esperienze che, attraverso la tua percezione, hai distorto, generalizzato, cancellato per arrivare a convincerti di qualcosa. Perché di fronte a una data situazione reagisci in un modo e di fronte a un'altra in un modo diverso? Succede perché hai delle regole interiori che ti impongono di comportarti in un certo modo piuttosto che in un altro.

Se ti dicessi: «Hai vinto un milione di euro alla lotteria», saresti contento? Certo! Tanto che balzeresti sulla sedia e ti metteresti ad urlare. Ciò vuol dire che daresti al tuo cervello il comando di farti stare bene. Pensa che cosa assurda! Sei tu a dargli il comando di gioire: non sono i soldi, non è la vincita, ma la tua regola interiore. Quei soldi ti fanno venire in mente bellissime immagini che creano endorfine e ti fanno stare bene, è un meccanismo semplice.

Comunque, tu potresti creare endorfine, e quindi stare bene, vedendo l'immagine di un obiettivo realizzato o facendo del bene agli altri o, ancora, qualunque altra cosa tu decida di fare. Si tratta di associazioni che si producono. La cultura ci ha insegnato che i soldi servono a tante cose e quindi se ci arriva un milione di euro esultiamo. Si tratta di abitudini create a livello culturale e, come tali, puoi modificarle e impararne di nuove.

Questo è un lavoro che si fa molto spesso nello smettere di fumare o nel controllo del peso. Si forniscono suggestioni ben precise per cambiare abitudini, nel caso specifico per fumare o mangiare di meno. Spesso, infatti, non sono altro che programmi errati, che possono essere spezzati e sostituiti con altri nuovi e diversi.

**SEGRETO n. 18: imparare a fornirti suggestioni può servirti per gli scopi più vari, come cogliere nuove intuizioni, memorizzare, vendere meglio i tuoi prodotti e lavorare sulle tue abitudini.**

Nell'ambito delle "abitudini" parliamo del **ricalco diretto e indiretto**, che poi è un po' quello che abbiamo visto nelle precedenti dimostrazioni in aula. Ricordi le suggestioni procurate agli allievi durante le dimostrazioni in aula? Ho detto alla persona: «… e userai abilmente queste nuove capacità, queste nuove risorse ogni volta che ne avrai bisogno…»; si tratta di un **ricalco sul futuro indiretto**, che aiuta a dire all'inconscio in maniera, appunto, indiretta, e quindi assolutamente vaga, ciò che deve fare. Ho dato semplicemente uno spunto alla sua creatività, mi sono limitato, rimanendo più che mai vago, a dare una suggestione di questo tipo: «Quando ti troverai a parlare in pubblico, ti sentirai bene e il tuo inconscio saprà come farti agire».

Tuttavia per il lavoro sulle abitudini è molto più usato il **ricalco diretto**, con il quale dico alla persona esattamente cosa fare, quando farlo e come farlo. Ma ti sarà tutto più chiaro leggendo la trascrizione di una dimostrazione svolta in aula.

*******************************************************

GIACOMO: Passiamo ora a una dimostrazione. C'è qualcuno di voi che fuma? Lei fuma, tu fumi? Qualcuno di voi vuole smettere o vedere come si fa? Poi starà a voi decidere se smettere o meno. Va bene Mauro, vedo il tuo interesse, vieni tu a provare?

Ecco, è già in uno stato di panico, come tutti i fumatori a cui chiedi se vogliono smettere di fumare. Vorrebbero smettere, ma in realtà non ne vogliono sapere, perché la sola idea li atterrisce. Dovete sapere che ci sono tanti vantaggi secondari nell'avere pessime abitudini come il fumare o il mangiare troppo, mi confermi?

MAURO: Sì.

GIACOMO: Ecco, immagino che per te fumare una sigaretta sia un modo per ottenere un ottimo stato di rilassamento.

MAURO: Sì.

GIACOMO: Quindi lui fuma per rilassarsi. Ha iniziato a fumare per chissà quali motivi, magari per fare gruppo o per altro, e poi ha continuato a farlo senza una ragione precisa. I motivi di cui parlavo vengono definiti in PNL come **vantaggi secondari** e sono ciò che ti frena dallo smettere. In altre parole, pur sapendo che il fumo fa male alla salute, la persona non riesce a smettere, perché esiste una rete di situazioni gratificanti cui il fumo è legato e alle quali, secondo ciò che crede, dovrebbe rinunciare smettendo di fumare. Ed è per questo che non lo farò smettere di fumare, ma, anzi, ora lo programmerò a fumare almeno il doppio, così si renderà conto da solo che può essere doloroso. Robbins fa esattamente così…

MAURO: Coff, coff…

GIACOMO: Ecco, già comincia a tossire alla sola idea! E questa è un'incorporazione. Robbins racconta che un suo cliente gli chiese di aiutarlo a smettere di fumare. Ebbene, lui lo invitò a raggiungerlo in una camera d'albergo e lo accolse facendogli trovare un'intera stecca di sigarette, dopodiché lo invitò, con una certa fermezza, a fumarla per intero. Il cliente tentennava, lo pregava di non spingerlo a fumare tanto, perché era convinto non fosse il modo giusto per aiutarlo. Robbins insistette e, anche grazie alla sua fisicità impressionante – è alto due metri e largo altrettanto –, riuscì a convincerlo.

Si mise davanti alla porta, disposto a bloccarlo finché non avesse fumato fino all'ultima sigaretta. Il pover'uomo fumò una, due, venti sigarette di seguito, finché si sentì soffocare e non potendone più pregò Robbins di farlo smettere. Quest'ultimo acconsentì, spiegandogli che probabilmente, a quel punto, era stato condizionato abbastanza negativamente verso il fumo e avrebbe smesso definitivamente.

Cioè, la motivazione forte, la decisione definitiva deve partire da chi fuma, perché altrimenti la strategia non ha senso né valore. Ecco perché non proverò a farti smettere di fumare, perché a me non interessa che tu smetta ora. Ciò che faremo è vedere come funzionano le suggestioni sulle abitudini, quasi fosse un gioco. Tu quanto fumi?

MAURO: Mezzo pacchetto al giorno circa.

GIACOMO: Eh... per così poco non vale proprio la pena smettere, c'è chi fa di peggio, due, tre pacchetti al giorno! Allora, dicevi, mezzo pacchetto al giorno circa. Quand'è che fumi più spesso? Quando ti piace di più fumare? Dopo i pasti, dopo il caffè...

MAURO: Sì, dopo il caffè...

GIACOMO: Non sei uno di quelli che si alza per andare a fumare la sigaretta...

MAURO: Non amo più di tanto fumare, sono un po' un fumatore compulsivo.

GIACOMO: Non ama più di tanto fumare... è già guarito! Lo so, sono veloce! Dopo avergli parlato dell'idea di fumarsi una stecca di sigarette si è spaventato. Bisogna vedere a che associ più dolore, se all'idea di rinunciare al rilassamento e ai vantaggi secondari che ritieni il fumo ti assicuri o all'idea di fumare. Va bene, quindi non sei un gran fumatore (*l'uomo annuisce*).

Spesso il fumo è soprattutto una questione di identità. Cioè puoi cambiare il tuo comportamento e dire: «Va bene, sono convinto di smettere di fumare», ma finché pensi che fumare ti rilassa e ti piace, mantenendo, quindi, l'identità di fumatore, è difficile cambiare veramente, è complicato lavorarci. Noi ci proveremo. Vediamo un po' queste strategie.

Quindi, mentre siamo qui e parliamo del vizio del fumo, ci rendiamo conto che questo è un argomento che può interessare quelli che tra voi sono fumatori. Tuttavia seguirlo può essere importante anche per i non fumatori, che magari hanno altre abitudini da cambiare, fosse anche solo saper gestire meglio i propri rapporti con il partner, l'amico o i colleghi.

E mentre sei qui e senti la mia voce che ti parla e il pubblico ti guarda, puoi pensare al momento in cui fumi. Spesso il gesto di fumare è dato da una strategia; ad esempio, hai appena finito di bere il tuo caffè e, automaticamente, prendi la sigaretta. Ormai non te ne accorgi quasi più, succede e basta, non è casuale, sei stato tu a insegnarlo all'inconscio con anni e anni di abitudine. Tuttavia l'abitudine, come si è creata, si può cambiare e crearne una nuova.

Chissà quante abitudini hai cambiato nella tua vita! Già solo quando sei passato dalla scuola al lavoro, quante cose sono cambiate: svegliarsi a una certa ora piuttosto che a un'altra. Le abitudini si possono cambiare in tanti modi, uno dei migliori è affidarsi al proprio inconscio, perché il tuo inconscio sa come fare, sa come funzionano i suoi meccanismi.

È sufficiente che ti crei un'immagine di te che, appena bevuto il caffè, prendi la solita sigaretta in mano, la guardi, e pensi che non ti piace più, non ti piace assolutamente e inizi a dirti: «Ma che fumo a fare?» A questo punto, del fumo iniziano ad arrivarti tutte le immagini più negative: il senso di soffocamento che ti dà, il mal di testa, l'alito pesante, la tosse, le dita ingiallite, l'odore di fumo che impregna i vestiti e via discorrendo.

Vedo che fai strani movimenti con la bocca, come se ti facesse schifo l'idea, bene! Ogni volta che prenderai la sigaretta in mano e la guarderai ti arriverà questa sensazione di fastidio e penserai: «Sai che ti dico? Questa sigaretta non me la fumo, magari ne fumerò un'altra, in fondo sono una persona libera» e la metterai via.

Magari puoi lasciare che sia il tuo inconscio a decidere quante sigarette fumare. Io non voglio assolutamente che tu smetta, voglio che sia il tuo inconscio a decidere. Vedrai che magari all'inizio fumerai cinque sigarette, poi tre, poi due e infine smetterai. L'importante è che non fumi per abitudine. Perché tu non sei nato fumatore, ma non fumatore, come tutti coloro che ti circondano, il vizio del fumo non è che un'abitudine che hai acquisito.

Pensaci, oggi i fumatori non sono più di moda, non si può fumare in albergo, in treno, negli aeroporti e tu che fai? Se non puoi fumare rinunci al viaggio? Per non parlare dei ristoranti! Ho un'amica fumatrice con la quale è una sofferenza uscire d'inverno. Al ristorante, anche a gennaio, dobbiamo andare all'aperto, perché lei deve fumare, oppure dobbiamo sopportare, se siamo al chiuso, che lei ogni cinque minuti si alzi per uscire a fumare. È abbastanza fastidioso!

Però, per carità, tu sei assolutamente libero e quindi non smettere di fumare ora, non ne vale la pena, perché comunque ci sono tanti vantaggi secondari da gestire. Anche se adesso, effettivamente, conosci nuovi modi per rilassarti, che ti permettono di ottenere i medesimi vantaggi secondari che ottieni con il fumo, senza subirne i dannosi effetti collaterali.

Con tutto quello che hai imparato oggi puoi estrarre strategie e decidere come fare. Sai una cosa? Che ti diverti anche mentre lo fai, guardi quella sigaretta, ti fai una bella risata come adesso e la butti via dicendo: «Ma chi se ne importa, la fumerò un'altra volta!» e magari quel giorno non arriva mai, però lascia che sia il tuo inconscio a decidere se vuoi o non vuoi continuare a fumare.

In questo modo puoi cambiare la tue abitudini, ma cosa succede quando sei un non fumatore? Che un giorno o l'altro qualcuno ti offrirà una sigaretta e tu cosa risponderai? Dirai di no, perché sei un non fumatore e non ti interessa fumare. Ogni volta che ti verrà offerta una sigaretta o ne sentirai l'odore penserai che il fumo, per te, è roba passata, lontana.

E tutto questo potrai farlo in maniera divertita, senza poi accanirti con coloro che ancora fumano e dir loro: «Ma come, ancora fumate? Vergogna!» Non saresti credibile se fino a ieri eri tu il primo a farlo.

Va bene, facciamogli un applauso perché se lo merita e, mi raccomando, non smettere di fumare! Non farlo soprattutto perché anche tua moglie è fumatrice e quindi troveresti un ostacolo in più. Siete una coppia, dovete ricalcarvi e, quindi, o non smetti o smettete entrambi. E mentre ti restituisco gli occhiali, che da ora diventano gli occhiali del "non fumatore", sai che ogni volta che li indosserai non vorrai più fumare.

*************************************************

Hai visto quanto è semplice? Basta essere molto creativo e giocoso. Non c'è una procedura, ho assolutamente improvvisato tutto; l'unica cosa che ho fatto è stata quella di cercare di prepararlo in maniera molto diretta e specifica. Questo è il segreto del ricalco diretto.

In altre parole non gli ho detto che quando gli capiterà di avere una sigaretta in mano il suo inconscio saprà come impedirgli di fumare, al contrario, gli ho parlato di una situazione specifica in cui, trovandosi una sigaretta in mano, proverà un senso di nausea e non vorrà fumare, almeno in quel momento.

Poi ho aggiunto che nel momento in cui qualcuno gli offrirà una sigaretta lui risponderà che non gli interessa, perché non è un fumatore. Cioè gli ho dato delle istruzioni precise, dettagliate e dirette circa ciò che deve fare quando succedono date cose.

Per cui, mentre nel ricalco indiretto resti molto sul vago e deleghi l'azione all'inconscio dicendoti, ad esempio, che se avrai voglia di fumare il tuo inconscio troverà il modo di frenarti, nel ricalco diretto, invece, dai a te stesso e al tuo inconscio istruzioni molto precise. Ti dici che nel momento in cui prenderai in mano una sigaretta sentirai un senso di nausea e la metterai via, e se qualcuno ti offrirà di fumare rifiuterai dicendo di non essere un fumatore.

Quindi, ricapitolando, il ricalco diretto si avvantaggia di istruzioni precise, l'indiretto lascia che sia l'inconscio a guidare la persona verso la decisione migliore nel momento opportuno. Per cui, mentre nel primo caso devi dare istruzioni molto dettagliate, nel secondo devi restare assolutamente nel vago.

**SEGRETO n. 19: con il ricalco diretto dici a una persona esattamente cosa fare, quando farlo e come farlo. Mentre con il ricalco sul futuro indiretto trasmetti delle suggestioni al suo inconscio, dicendole in maniera assolutamente vaga ciò che deve fare.**

Un mio allievo mi ha raccontato che, addirittura, la madre ha provato a pagarlo perché smettesse di fumare, ma purtroppo si è sentito in trappola e si è irrigidito ancor più sulla sua posizione di fumatore; quindi il tentativo non è andato a buon fine. Invece il ragazzo con cui ho fatto la dimostrazione, durante tutto il tempo in cui ci siamo parlati, si è sentito tranquillo e libero.

Ciò che gli ho voluto comunicare, infatti, è che lui era in ogni caso libero di fare ciò che voleva, non potevo essere certo io a controllarlo né mi interessava farlo, perché ognuno si deve assumere la responsabilità delle proprie azioni. Come l'allenatore che insegna ai suoi ragazzi a giocare a pallone con le migliori strategie che conosce, non è poi totalmente responsabile se non fanno goal, tutt'al più si tratta di una responsabilità condivisa. Io offro gli strumenti, le giuste suggestioni per motivare, ma poi sta alla persona impegnarsi per raggiungere l'obiettivo.

Questo è anche uno dei motivi per cui Robbins, che è una delle persone cui si deve la diffusione della PNL, ha scritto nei suoi libri di maggior successo che definire una certa tecnica come "strategia di Programmazione Neuro-Linguistica" non è la cosa migliore, conviene invece parlare di "Condizionamento Neuro-Associativo".

Questo perché, dopo un corso, un suo allievo lo avvicinò e gli disse: «Tony, ti ricordi di me?» «Non proprio… ah, forse con te abbiamo fatto una sessione di coaching per eliminare il vizio del fumo?» «Bravo, sai cos'è successo? Tu hai fallito!» Robbins rimase stupito e replicò: «Io avrei fallito? Spiegami, voglio capire». E il suo allievo: «*Tu non mi hai programmato* a dovere, ho smesso di fumare per due anni e, in seguito a una serie di peripezie, ho ripreso». Robbins si fece spiegare dal suo allievo in che cosa fossero consistite le peripezie che aveva vissuto e poi rispose: «Abbiamo fatto una sola sessione di mezz'ora, tu hai smesso di fumare per due anni e poi hai ripreso perché ti sono successe una serie di cose piuttosto gravi, non credo di aver fallito!»

L'allievo aveva frainteso le denominazione "Programmazione Neuro-Linguistica", l'aveva presa alla lettera intendendo che un buon coach dovesse programmare i suoi allievi quasi fossero dei computer ed essendo Robbins uno dei migliori, non si aspettava un fallimento.

Attraverso la Programmazione Neuro-Linguistica, in realtà, non è possibile "programmare" una persona ottenendo che faccia esattamente ciò che il trainer dice. Anche la madre del mio allievo ci ha provato e ha fallito, nonostante il discorso dei soldi che, normalmente, è un buon incentivo.

Un buon coach di PNL può *condizionare* il suo allievo creando nuove associazioni e in questo sta il Condizionamento Neuro-Associativo di cui parla Robbins. Posso dimostrarti che fumare è associabile al dolore, a sensazioni sgradevoli, ma sta a te impegnarti al massimo per smettere. Perché sei una persona libera, hai il libero arbitrio e puoi decidere se permettere al tuo inconscio di dirti che la sigaretta ti dà la nausea o che, al contrario, ti piace e la vuoi fumare. In questo modo ti prendi la responsabilità di portare avanti il tuo obiettivo.

Sarebbe semplice scaricarla completamente sul proprio coach e dire che, dato che ci ha programmato, non dobbiamo far più niente, non ci dobbiamo minimamente sforzare per arrivare alla meta. Al contrario dovrai sforzarti di rinunciare a una o più abitudini e a una serie di cose ad esse correlate.

Sta a te la responsabilità di portare avanti l'impegno per raggiungere il tuo obiettivo. Io posso, sì, aiutarti e darti strumenti, ma la determinazione a riuscire deve partire da te. Ad esempio, a proposito proprio del fumare, perché chi smette spesso ingrassa? Perché deve in qualche modo trovare una strada per riacquisire i vantaggi secondari che il fumo gli offriva. Ma per farlo non c'è bisogno di ingozzarsi, basta rilassarsi con le tecniche ipnotiche avanzate imparate oggi e ideate dai maestri fondatori della PNL. Ora sta a te vedere come meglio utilizzarle e adeguarle al tuo modo di essere. Grazie ad esse puoi trovare la forza e il coraggio per riuscire nel tuo intento.

Usare le suggestioni sulle abitudini è facile, l'importante è che non dimentichi di dartele, perché solo in questo modo funzionano. Ricorda che l'inconscio è come un bambino: se non gli dici ciò che deve fare, non lo farà; è molto semplice.

RIEPILOGO DEL GIORNO 3:

- SEGRETO n. 15: nella fase di volo devi metterti in condizione di raggiungere gli obiettivi fissati durante il decollo, nel setup iniziale. Puoi riuscirci richiamando risorse da te possedute e già utilizzate in alcuni momenti del tuo passato.

- SEGRETO n. 16: il cambiamento generativo corrisponde all'idea di voler fare meglio ciò che già si fa bene, rendendo eccellente ciò che è ottimo.

- SEGRETO n. 17: per aiutarti a concretizzare l'obiettivo che ti sei prefisso, puoi immaginare di averlo già raggiunto e immedesimarti nella situazione. La sensazione piacevole che avvertirai ti motiverà ancor più a volerlo ottenere il prima possibile.

- SEGRETO n. 18: imparare a fornirti suggestioni può servirti per gli scopi più vari, come cogliere nuove intuizioni, memorizzare, vendere meglio i tuoi prodotti e lavorare sulle tue abitudini.

- SEGRETO n. 19: con il ricalco diretto dici a una persona esattamente cosa fare, quando farlo e come farlo. Mentre con il ricalco sul futuro indiretto trasmetti delle suggestioni al suo inconscio, dicendole in maniera assolutamente vaga ciò che deve fare.

# GIORNO 4:

## Riemersione e Ratifica dello Stato

Se vuoi entrare in stati di relax devi anche saperne uscire: è l'atterraggio. Questa è una fase delicata che richiede cura e preparazione, affinché tu possa portare con te gli insegnamenti appresi e nuova energia.

Nella fase iniziale di setup indica sempre anche la durata dello stato di rilassamento, dicendo a te stesso o alla persona che stai rilassando che, ad esempio, in venti minuti vuoi arrivare allo stato di rilassamento che ti è necessario per compensare sei ore di sonno perse.

Nell'intervallo temporale che hai fissato, vuoi riacquistare benessere ed energia e, una volta uscito dallo stato di relax, intendi portarli con te. In questo modo stabilisci la durata del tuo stato e il suo punto di uscita, per cui sai che deve durare un massimo di venti minuti, trascorsi i quali, in qualche modo, ne riemergerai.

**SEGRETO n. 20: ricorda di indicare, in fase di setup, quanto vuoi che duri il tuo stato di rilassamento.**

Nella fase di atterraggio è necessario mettere in atto solo piccoli accorgimenti, anche perché è molto più breve rispetto alle fasi precedenti. Prima di tutto occorre operare la **riemersione**, ossia uscire dallo stato di rilassamento. Se l'hai impostata all'inizio nel setup, avverrà in maniera automatica. Tornando all'esempio che ti facevo poco fa, venti minuti dopo l'inizio del procedimento ti risveglierai più rilassato che mai.

La cosa più importante, comunque, è quella di sfruttare, confermare e rafforzare le risorse acquisite durante lo stato di rilassamento, ossia tutti gli insegnamenti appresi, le nuove idee carpite mentre eri in fila in banca, in coda nel traffico o ad aspettare il tecnico. Una volta chiuso il tuo stato di rilassamento, potrai, tornando vigile, avvalerti di tutte le nuove risorse acquisite.

In pratica si tratta di fornire ulteriori suggestioni al tuo cervello, dicendogli che hai utilizzato lo stato di rilassamento per trarre nuove risorse da sfruttare al momento opportuno, quindi le deve tenere ben presenti, come tutti gli altri insegnamenti ricevuti.

Quindi, a fine rilassamento porta con te gli insegnamenti acquisiti o le **risorse** cui hai acceduto durante il volo. Se, come nella dimostrazione fatta con Marco, hai acquisito la risorsa dell'ascolto attivo, una volta emerso dallo stato di rilassamento la porterai con te e la saprai usare ogni volta che sarà opportuno. È sempre una forma di ricalco sul futuro, l'importante, come ti dicevo, è che sfrutti la risorsa acquisita, che non rimanga confinata nello stato di rilassamento, ma venga da te applicata in situazioni reali e concrete nelle quali ti serve.

**SEGRETO n. 21: con il termine "riemersione" si indica la strategia di uscita dallo stato di rilassamento. Puoi sfruttarla per confermare e rafforzare le risorse acquisite.**

Una delle tecniche che viene usata a questo fine è quella della **riemersione tramite conto**. Se prima hai fatto un'induzione diretta in scala 10>1, ora torna indietro, ripercorrendo a ritroso la scala da 1 a 10. Una volta arrivato a 10, ti sentirai di nuovo sveglio, energico, carico e forte di tutte le risorse acquisite. Quindi comincia: "Uno, due" e mentre sali ti senti sempre meglio, arrivi al "tre" e avverti ancora più energia, ecco il "quattro" e si alza di tono anche la tua voce, coerentemente con quello che stai dicendo.

Puoi fare anche la conta al contrario. Se, facendo rilassamento, sei arrivato alla base della scala sentendoti completamente rilassato, ora immagina di risalirla. "Uno, due" e già ti senti meglio, "tre, quattro" e sei sempre più energico, fino a che, arrivato al numero 10, ti accorgi di aver recuperato completamente la tua lucidità possedendo tutte le risorse acquisite durante il rilassamento.

**SEGRETO n. 22: una delle strategie di uscita più praticate consiste nella riemersione tramite conto. Per attuarla puoi pensare di risalire la scala immaginaria che hai sceso per rilassarti.**

Cosa succede se dimentichi di stabilire il punto di uscita, quindi se, durante il tuo setup, non indichi la durata del tuo rilassamento o se addirittura non fai setup? Assolutamente niente. Può capitare, se sei in uno stato di forte rilassamento, di addormentarti, ma dopo poco ti risveglierai senza problemi. A me è successo, mi ero rilassato talmente tanto che mi sono addormentato!

Niente paura quindi: se anche ti dovessi addormentare, stai certo che dopo un po' ti sveglierai. Anche perché il tuo inconscio resta sempre vigile e tu, anche se molto rilassato, hai tutte le sensazioni della veglia, per di più approfondite. Quindi, come nel sonno, hai onde cerebrali comprese tra 0 e 4 cicli per secondo, bassissime, ma se suona un allarme o una sveglia sei prontissimo a reagire e a svegliarti.

**SEGRETO n. 23: se hai impostato la strategia di uscita nel setup, la riemersione avverrà automaticamente, altrimenti in modo più graduale.**

Altra cosa importante da fare nella fase di atterraggio è la **ratifica dello stato di rilassamento**. Con l'espressione "ratifica" si intende la descrizione di quanto è successo durante lo stato di rilassamento, in modo tale da scatenare **suggestioni** e **ricordi** in chi ne è appena emerso. Si tratta di offrire ulteriori suggestioni positive alla persona appena uscita dallo stato di rilassamento perché fissi le sue sensazioni.

È ciò che accade anche nella vendita, quando, una volta conclusa positivamente una trattativa, il buon venditore dice al cliente che sicuramente si sentirà assai soddisfatto del suo acquisto. Nello stesso modo al ragazzo con cui ho fatto l'esercizio di rilassamento sul fumo, anche una volta tornato a posto, ho continuato a procurare suggestioni sul cambiare abitudini.

Nel descrivere la sua esperienza gli ho detto, facendo sì che cogliessero il messaggio anche gli altri allievi, che non volevo smettesse di fumare subito, perché era libero di prendere le sue decisioni in perfetta autonomia. In questo modo ho ottenuto l'effetto di rafforzare in lui le suggestioni che gli avevo dato durante lo stato di rilassamento. È un aiuto in più: la sessione è già conclusa, la persona ha già vissuto il suo tempo di relax, ma continuo a darle suggestioni, in particolare su ciò che deve fare, ricordare o dimenticare.

Così anche la vendita non finisce nel momento in cui il cliente ha pagato il prodotto, è dovere del buon venditore fornire suggestioni post-vendita positive al cliente e assicurargli assistenza, perché sono proprio queste attenzioni a fare la differenza rispetto ad altri venditori, a indurlo a tornare. Se, ad esempio, qualcuno viene a farmi un complimento, lo ringrazio e gli chiedo, se davvero si è trovato così bene, di segnalarmi a un suo amico o gli do già appuntamento al prossimo corso, anche se non so se ha davvero intenzione di parteciparvi.

**SEGRETO n. 24: per ratifica dello stato si intende la descrizione di quanto è successo durante il processo di rilassamento, in modo tale da scatenare suggestioni a ricordare.**

Bandler ci racconta di quando Erickson praticava l'induzione per stretta di mano. Procedeva così: stringeva la mano a una persona mandandola in uno stato di profondo relax, durante il quale le dava alcune suggestioni, infine chiudeva questo ciclo stringendo di nuovo la mano alla persona e, prima di farla riemergere, le chiedeva di tenere con sé tutte le risorse e gli insegnamenti trasfusi durante il rilassamento. Dopo di che le diceva "piacere" e se ne andava, lasciandola un po' intontita e apparentemente inconsapevole del percorso fatto.

Volendo puoi anche creare questo effetto, dando, durante il rilassamento, la suggestione a dimenticare alcune cose; io, però, credo sia molto più utile procurare la suggestione a ricordarle. Ad esempio, nel caso una persona voglia smettere di fumare, le potresti dire: «Ricorda che ogni volta che ti vedrai con una sigaretta in mano, avvertirai una sensazione di nausea e non avrai voglia di fumarla», suggerendole quindi cosa deve ricordare. Se lo fai, la percentuale di possibilità che lo ricordi e lo faccia è sicuramente più alta, quindi ti conviene senz'altro farlo.

**SEGRETO n. 25: la strategia di ratifica dello stato si può utilizzare anche per suggestionarsi a ricordare alcune cose specifiche.**

Dietro ogni parola che diciamo c'è sempre un'idea, una suggestione, un motivo. John Grinder, cofondatore della PNL e insegnante di linguistica, studiò i vari modelli del linguaggio e comprese che anche la diversa posizione di una parola all'interno di una frase poteva cambiare totalmente la suggestione operata dalla frase stessa.

A questo proposito, un buon esempio potrebbe essere quello riportato dallo psichiatra e psicoterapeuta Matteo Rampin nel suo libro *Al gusto di cioccolato*, con il quale intende aiutare i suoi lettori a scoprire gli stratagemmi linguistici nascosti nelle comunicazioni di tutti i giorni. Un novizio chiese al priore: «Padre, posso fumare mentre prego?» e venne severamente redarguito. Un secondo novizio chiese allo stesso priore: «Padre, posso pregare mentre fumo?» e fu lodato per la sua devozione.

Come vedi, è stato sufficiente cambiare la posizione della parola "fumare" all'interno della stessa frase per scatenare nel priore due reazioni totalmente differenti: prima di indignazione e poi di compiacimento e soddisfazione. Anche la strategia dell'ancoraggio, fondamentale nella riemersione per trattenere con sé le risorse acquisite durante l'utilizzazione dell'ipnosi, si basa sull'utilizzo delle suggestioni.

Quella dell'**ancoraggio** è un strategia molto valida e viene utilizzata anche nell'ipnosi classica. Forse già la conosci, ma anche se non ne avessi mai sentito parlare, ti assicuro che già la usi nella vita di tutti i giorni. Ti farò subito degli esempi. Ti è mai capitato di sentire un odore e, immediatamente, di ricordare una persona o una situazione particolare? Magari stai camminando in mezzo alla folla, ti investe una scia di profumo e subito il cervello vi associa, appunto, una persona o una situazione.

Questo meccanismo funziona in maniera istantanea, immediata, tanto che non puoi controllarlo. Così quando senti una canzone d'amore che ti ricorda momenti bellissimi e felici, basta che parta la melodia e il tuo cuore inizia a sciogliersi! Ti senti al settimo cielo se è un amore ancora in corso e felice, triste da piangere a calde lacrime se è un amore che non hai più. Ebbene, queste sono forme di ancoraggio.

L'ancoraggio può essere di diversi tipi: **visivo, auditivo, cinestesico, olfattivo** e **gustativo**. In altre parole, tutti i sensi sono in grado di creare un ancoraggio.

Partiamo dal primo, l'ancoraggio **visivo**. Hai riempito casa tua delle foto per te più belle e significative: dei figli, del matrimonio, di un bel viaggio, di un caro amico o amica. Sai perché l'hai fatto? Perché ogni volta che le guardi ti arrivano delle emozioni. Ti piace guardare una certa foto perché ti ricorda una vacanza stupenda, un viaggio a New York, una crociera e, subito, rivivi le emozioni associate. Sono degli ancoraggi visivi che ti sei creato per provare sensazioni piacevoli, tanto che ti basta guardare la foto per star bene. Tuttavia vi sono ancoraggi visivi che ti attraggono pur se collegati a sensazioni sgradevoli. Quante volte ti sarà capitato di prendere in mano la foto di una ex, che ti ha mollato, per poi scoppiare a piangere? Anche questo è un tipo di ancoraggio visivo.

Passiamo agli ancoraggi **auditivi**. L'esempio più classico, che ti ho fatto poco fa, è quello della musica. Una particolare canzone può ricordarti situazioni d'amore e motivarti. Ad esempio, quando i miei allievi entrano in aula, li accolgo con musiche di forte impatto, molto ritmate, che trasmettano motivazione. Posso usare la colonna sonora di Rocky, ad esempio, o comunque sonorità che infondano entusiasmo.

Io stesso mi motivo anche con le canzoni, perché sono un'ancora naturale che abbiamo dentro di noi e hanno immediatamente effetto. Nel momento in cui ascolto la colonna sonora di Rocky, ad esempio, mi sento istantaneamente motivato e, perché accada, non ho bisogno di pensare che lui, nel film, era effettivamente energico e motivato. Questo perché la canzone va direttamente sul K, ossia sul cinestesico, sulle sensazioni.

Richard Bandler, ad esempio, studia un particolare commento musicale per i corsi di public speaking che fanno parte del percorso per formare trainer in PNL. Mentre lui suona in sottofondo, gli allievi parlano in pubblico su un argomento a loro scelta, di fronte a centinaia di trainer internazionali. Anch'io ho provato quest'esperienza e ti assicuro che, quello di salire sul palco, non è certo un momento di totale serenità e di allegria! Infatti un palco è rialzato e crea distacco con il pubblico, che, tra l'altro, come ti dicevo, nel mio caso era composto da persone di nazionalità diverse, quindi dovevo esprimermi in inglese. Se non si è proprio praticissimi della lingua, ci si trova un po' in difficoltà. In più avere accanto Richard Bandler, fondatore della PNL, e John La Valle, suo socio, dà senza dubbio un po' di ansia.

Bandler, però, oltre ad essere molto amichevole, aiuta gli aspiranti trainer con basi musicali particolari, sulle quali lui suona motivetti molto potenzianti. Al contrario, quando incontra una persona troppo sicura o arrogante, si diverte a smontarla infondendole ansia. Al posto della canzoncina motivante di cui ti dicevo poco fa, inizia a suonare la colonna sonora de *Lo squalo*, ricordi? «Ta ta ta ta ta tan...» e le fa prendere un colpo! La persona è già un po' tesa, in più le mette questa canzone che contribuisce ad agitarla e per poco non sviene! È un modo per punirla.

Anche Anthony Robbins usa tantissimo gli ancoraggi. Ad esempio con le canzoni che sceglie per i suoi corsi, tanto che poi, se le senti fuori contesto, ti rimandano immediatamente a lui e, anzi, si identificano con lui. Robbins, addirittura, fa esercizi su questo. Ce n'è uno in particolare che mi ha colpito tantissimo, attraverso il quale riesce a far rivivere uno stato di amore. Chiede al suo pubblico, mediamente composto di 10.000 persone, di formare delle coppie. Mette di sottofondo la canzone d'amore simbolo del film *Titanic*, ossia *My heart will go on* di Celine Dion, e intanto parla agli allievi richiamando sensazioni d'amore e facendo rivivere loro l'ultima volta in cui si sono innamorati.

Mentre succede tutto questo, ogni allievo deve guardare il collega che ha di fronte fisso negli occhi e ti assicuro che viene quasi da innamorarsi. Perché provare quelle sensazioni mentre fissi negli occhi una persona è qualcosa di veramente indescrivibile. Certo, essere di sessi diversi aiuta, ma non è indispensabile; io, ad esempio, avevo per compagno di dimostrazione un uomo, ma ciò non ci ha impedito di sentirci affettivamente vicini l'uno all'altro.

Con una battuta potrei dirti che, nel fare questo esercizio, non sempre ti va bene, non puoi scegliere il partner, devi accontentarti di chi hai accanto. E se è del tuo stesso sesso oppure fisicamente sgradevole…beh, te lo devi tenere! Però, come hai visto, funziona, tanto che arrivi davvero a provare delle belle sensazioni di affetto nei confronti dell'altra persona, cominci quasi a volerle bene. Arrivare quasi a innamorarsi di una persona che non hai mai visto in vita tua nel giro di tre minuti... beh, è tutto dire! È una bella dimostrazione di come, a volte, il cervello funzioni anche troppo liberamente, nel senso che nessuno è in grado di controllare una reazione di questo tipo. Potrebbe sembrare una forzatura dire che è sufficiente la giusta atmosfera per farti provare delle sensazioni nei confronti di una persona che non conosci, ma non lo è, perché funziona.

Ovviamente puoi non fare l'esercizio e, quindi, non vivere queste emozioni, però non te ne metti al riparo, perché il cervello funziona in questo modo e le ancore sono un sistema inconscio assai efficace. Nel corso della tua vita, senza rendertene conto, ti sei creato una quantità di ancore.

Infatti, se ti avessero fatto ascoltare *My heart will go on* poco prima dell'uscita del film, probabilmente non ti avrebbe trasmesso alcuna emozione in particolare. Invece, dopo aver visto *Titanic*, nel quale ti sei immedesimato, magari anche piangendo in alcuni passaggi e comunque provando delle sensazioni molto forti, si sono creati, nel tuo inconscio, degli ancoraggi che la canzone richiama molto facilmente, facendoti emozionare.

Parliamo ora di ancoraggi **cinestesici**, che riguardano, cioè, le sensazioni esterne come quelle che ci trasmette il tatto, o sensazioni interne. Qualsiasi cosa può divenire un'ancora e spesso in PNL si fanno esercizi proprio con ancore cinestesiche. Diciamo che, nel momento in cui ti richiami una sensazione gratificante, magari di sicurezza o di rilassamento, incroci due dita o fai un altro gesto simile. Questo incrocio diventa l'ancora che ti permette di riattivare la risorsa, ovvero, ogni volta che vorrai richiamare la sensazione gratificante provata ti basterà ripeterlo. Funziona? Sì, l'importante è mettere bene in pratica la strategia. Più avanti vedremo nei dettagli come fare e parleremo di ancoraggi avanzati.

Ma vediamo altri esempi di ancore cinestesiche. Ad esempio, mettiamo che io abbia un amico che ha perso un parente. Ci sono i funerali e lui è lì tristissimo, giustamente depresso e ha tante persone intorno che cercano di confortarlo. Tra queste, anch'io, che lo abbraccio con forza cercando di trasmettergli amore e comprensione. Passa un mese, lo incontro di nuovo in un contesto diverso e, per salutarlo, gli do lo stesso abbraccio; sai che succede? Che si irrigidisce e si sente un po' depresso, perché il calore dell'abbraccio lo riporta alla situazione triste di un mese prima. Certo, ormai è passato un mese e sta molto meglio, ma il mio abbraccio resta ancorato a quei sentimenti, alle sensazioni sgradevoli provate durante il funerale. È stato sufficiente quell'unico stimolo specifico a richiamare al suo animo la situazione triste vissuta un mese prima.

Io me ne sono accorto perché conosco questi meccanismi, ma la maggior parte delle persone non ha la più pallida idea della loro esistenza, infatti può capitare di star male senza un motivo apparente. Chissà quale ancoraggio, in un dato momento, ci può aver colpito! Siccome siamo pieni di ancoraggi del tutto inconsci, è piuttosto difficile individuare precisamente quale sia la causa del malessere se non abbiamo coscienza di questo meccanismo.

Parliamo ora degli ancoraggi **olfattivi**, ovvero i profumi e gli odori in genere. Io, ad esempio, sono molto sensibile ai profumi, ne ho uno prediletto e lo metto ogni volta che tengo un corso.

Potrebbe sembrarti una bizzarria, ma non lo è, perché quel profumo, per me, è legato a situazioni potenzianti, a una carica emozionale positiva e motivante. Me ne basta una spruzzata la mattina prima di un corso per sentirmi automaticamente benissimo. Ti dirò di più. Mi è capitato di usarlo anche quando non mi sentivo particolarmente bene e avevo bisogno di un po' di carica aggiuntiva. Mi sono detto: «Sai cosa c'è? Oggi metto questo profumo», e non appena ho percepito l'aroma mi sono sentito meglio. È senza dubbio una cosa interessante.

Prova tu stesso, una volta che ti senti giù spruzzati un po' del tuo profumo preferito, vedrai che andrà subito molto meglio e sarà così ogni volta, perché assocerai a quel profumo una situazione distensiva e gratificante. Ormai quell'associazione è stata creata ed è un meccanismo poco gestibile una volta impostato. Fallo perché è una strategia semplice, utile ed efficace.

Arriviamo, infine, agli ancoraggi **gustativi**, che passano attraverso i sapori. Può capitarti di mangiare un cibo e, automaticamente, ricordare una persona che te lo preparava o un ristorante dove eri solito mangiarlo. Io, ad esempio, ho un ristorante del cuore che è l'unico dove ordinerei una carbonara. Ora, se anche mi capita di mangiarla a casa, automaticamente associo il mangiare quel piatto alla sensazione piacevole e gratificante di trovarmi in quel preciso ristorante.

**SEGRETO n. 26: creando un ancoraggio, fornisci a te stesso una suggestione perché ti torni in mente la sensazione provata in un dato momento. L'ancoraggio può essere di diversi tipi: visivo, auditivo, cinestesico, olfattivo e gustativo.**

Quindi è dimostrato che gli ancoraggi possono essere di ogni tipo e interessare ogni canale sensoriale. Bandler dice che persino le fobie sono ancore, ovvero associazioni. In fondo cos'è una fobia se non un'associazione? Ad esempio, potresti essere stato morso da un cane quando eri piccolo e per questo potresti aver creato un'associazione tra la vista di un cane e il provare una sensazione di paura. Cosa succede, quindi, ogni volta che vedi un cane? Hai paura e ti allontani, continuando così per tutta la vita.

Alcuni miei allievi mi hanno chiesto se, creando un ancoraggio tra rilassamento e incrociare le dita, si può sperare che questo duri tutta la vita. La mia risposta non può essere netta, infatti, perché un'associazione positiva duri tutta la vita, la condizione principale è che l'intensità emozionale sia quella giusta.

Stesso discorso vale per le fobie. Evidentemente, se un ancoraggio sgradevole si perpetua nel tempo, è perché la tensione emotiva nel momento in cui si è creato era davvero alta. Se sei tanto spaventato dai cani è perché in quella certa occasione sei quasi morto dalla paura e quella paura durerà per tutta la tua vita. A parere di Bandler, creatore della tecnica per curare le fobie in cinque minuti, sono sufficienti pochi istanti sia per crearle che per curarle. La tua fobia per i cani si è creata in pochi secondi: ti è bastato vedere il cane e provare panico. Ma puoi anche curarla in altrettanti secondi: è sufficiente che tu interrompa la precedente associazione e ne crei una nuova, con un'apposita tecnica.

Ognuno ha moltissimi ancoraggi dentro di sé, può cambiarli o romperli, anche senza lavorare sull'esperienza originale; capiremo come farlo. Utilizzeremo poi questa capacità nel lavoro con la time-line, che ti servirà a comprendere come gestire meglio il tuo tempo e, quindi, lo stress.

Ti rivelo un piccolo segreto: ricordi quando ti suggerivo di incrociare le dita mentre crei un ancoraggio? Ebbene, è utile che, mentre lo fai, ti dica una parola o guardi un'immagine, perché più canali coinvolgi nella creazione di un'ancora, più la rendi precisa, dettagliata e comprensiva, meglio è.

Esistono dei parametri da rispettare per creare dei buoni ancoraggi e sono quelli che vedremo nel prossimo capitolo. Al tempo stesso, personalizza gli esercizi in base al tuo modo di fare, alla tua soggettività. Infatti, date strategie possono essere efficaci per alcune persone e meno per altre, quindi prova quella che per te funziona meglio. Se ritieni importante la componente visiva, utilizzala; se preferisci immaginare un sapore o un odore, fallo, va comunque bene.

In tema di ancoraggi, cosa provi se, ad esempio, senti lo stridere di un gesso sulla lavagna? Una sensazione sgradevole, perché con la mente torni ai tempi della scuola, quando sentivi spesso questo rumore fastidioso, associandovi paura. Anche in questo caso si tratta di un ancoraggio.

Bandler, a proposito degli ancoraggi, ci racconta di aver imparato le lingue straniere attraverso un procedimento assurdo. Ai suoi tempi si utilizzava una pannello di controllo, una sorta di computer molto primordiale, sul quale apparivano le parole straniere da apprendere e delle quali si doveva ripetere la pronuncia. Passati molti anni, da adulto, gli è capitato di andare in Messico, paese nel quale, come sai, si parla lo spagnolo.

Ebbene, forse non ci crederai, ma nell'esprimersi gli veniva in mente il pannello di controllo e non riusciva ad essere fluente. Questo ancoraggio, quindi, lo limitava notevolmente. A questo proposito ci dice: «Volete davvero imparare lo spagnolo? Invece di studiare, usare le cassette notturne o altre cose, andate in Messico, fatevi dare un paio di bottiglie di Tequila, bevetele tutte d'un fiato e vedrete che dopo poco lo spagnolo inizierà ad esservi familiare!»

Per lo stesso principio, per imparare l'inglese sarebbe sufficiente recarsi a Londra e bere un paio di birre: il gioco è fatto! Questo è il metodo Bandler per imparare le lingue, pensi che possa funzionare?

RIEPILOGO DEL GIORNO 4:

- SEGRETO n. 20: ricorda di indicare, in fase di setup, quanto vuoi che duri il tuo stato di rilassamento.

- SEGRETO n. 21: con il termine "riemersione" si indica la strategia di uscita dallo stato di rilassamento. Puoi sfruttarla per confermare e rafforzare le risorse acquisite.

- SEGRETO n. 22: una delle strategie di uscita più praticate consiste nella riemersione tramite conto. Per attuarla puoi pensare di risalire la scala immaginaria che hai sceso per rilassarti.

- SEGRETO n. 23: se hai impostato la strategia di uscita nel setup, la riemersione avverrà automaticamente, altrimenti in modo più graduale.

- SEGRETO n. 24: per ratifica dello stato si intende la descrizione di quanto è successo durante il processo di rilassamento, in modo tale da scatenare suggestioni a ricordare.

- SEGRETO n. 25: la strategia di ratifica dello stato si può utilizzare anche per suggestionarsi a ricordare alcune cose specifiche.

- SEGRETO n. 26: creando un ancoraggio, fornisci a te stesso una suggestione perché ti torni in mente la sensazione provata in un dato momento. L'ancoraggio può essere di diversi tipi: visivo, auditivo, cinestesico, olfattivo e gustativo.

# GIORNO 5:

## Tecniche Avanzate di Ancoraggio

In questo capitolo vediamo nello specifico i vari modi per creare ancore e per divenire consapevole di quelle che già hai oggi. Verifichiamo inoltre quali sono i parametri da rispettare per creare un'ancora ben fatta. Alcune particolarità che una buona ancora deve avere sono il momento di **picco**, la **durata**, l'**unicità**, la **congruenza**, l'**intensità**.

Questi requisiti devono essere rispettati; avremo modo di svolgere alcuni esercizi per capire come metterli in pratica e per verificare che siano stati soddisfatti. Infatti basta un errore per compromettere il buon funzionamento dell'ancoraggio. Questo è successo a diversi miei allievi, che poi sono corsi da me dicendomi: «Ho letto con attenzione il procedimento per attuare la tecnica, ma non mi è riuscito di metterla in pratica, il che vuol dire che la tecnica non funziona bene!» Oppure «Ho imparato bene la tecnica ma nella pratica non riesce, sei sicuro che funzioni?» Si tratta di un classico caso di processo di generalizzazione. Di fatto, bisogna rispettare dati parametri per creare un buon ancoraggio. Un certo tempo e intensità ti permettono di richiamare un dato stato emozionale. Quindi se dico: «Immagina di essere rilassato», il tuo stato di relax cresce fino a giungere a un picco di intensità, dopodiché inizia a regredire.

Il segreto per una buona riuscita è ancorare un attimo prima del momento del **picco**.

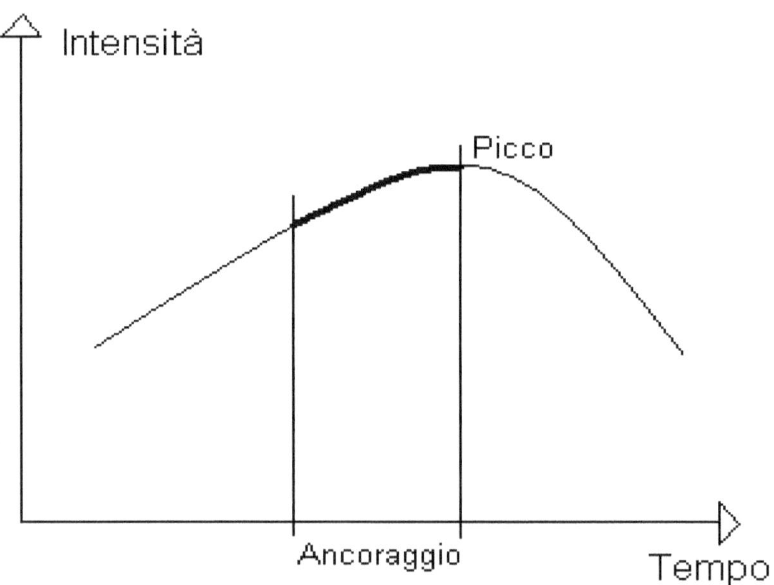

Infatti, se tu scegliessi di ancorare al momento del picco o poco dopo, sbaglieresti, perché dal picco in poi la tensione emotiva scende e l'ancoraggio risulta meno efficace. Per cui, nel momento in cui tu richiamassi lo stato, avresti un ritorno emotivo meno intenso di quanto non sarebbe stato se avessi ancorato poco prima del momento del picco, quando la tensione emotiva era prossima al massimo.

Ecco dov'è la differenza: se non si determina il momento per ancorare, qualcosa potrebbe non funzionare o l'ancoraggio potrebbe non essere così efficace come si vorrebbe. Ma non temere, facendo gli esercizi ti accorgerai che prendere il momento giusto è più facile di quanto sembri.

Se lo fai tra te e te, sai esattamente quando sei prossimo al picco, quando senti che stai per raggiungerlo incrocia le tue dita fino al momento del picco e poi scioglile. Se lavori con un'altra persona, guidala, ma lasciala abbastanza libera di definire quale sia il momento più giusto per applicare l'ancoraggio, seguendo le sue emozioni.

Per quanto riguarda la **durata**, sono sufficienti pochi secondi, eppure ci sono persone che ancorano addirittura per trenta secondi! Ma, come capisci, un'emozione non può essere tanto intensa da avere un picco della durata di trenta secondi. Può durare tre/quattro secondi, durante i quali si può ancorare sempre con le medesime modalità e rispettando la stessa tempistica. Stringi le dita o, comunque, ripeti il gesto al quale hai ancorato la sensazione da qualche secondo prima del picco fino al picco.

Se poi replicherai l'esperimento una seconda volta, ti renderai conto di avere già un ancoraggio sulle dita e, quindi, di sentirti meglio già solo nell'incrociarle. Vedrai che, in pochi secondi, cambieranno la tua respirazione e la tua fisiologia.

Una aspetto importante, ma spesso trascurato, degli ancoraggi riguarda il fatto che lo stimolo deve essere **unico**, ovvero, il gesto che accompagna un dato ancoraggio non deve essere confondibile con altri. Ad esempio, in svariati corsi di PNL ho visto creare ancoraggi utilizzando il gesto del pugno chiuso. Il trainer consigliava agli allievi: «Quando siete prossimi al picco, stringete il pugno», ma non va bene, perché il pugno è un gesto che si fa normalmente. Quindi, se vi ancori una sensazione di relax, ma poi ripeti questo gesto ogni volta che, ad esempio, sei arrabbiato o infastidito, l'ancora si perde.

Perché, fondamentalmente, il meccanismo si basa sull'associazione di una risposta a uno stimolo, ma se a quello stesso stimolo hai già associato molte altre sensazioni, perché lo usi con frequenza, è chiaro che non è più efficace. Il cervello, infatti, non riesce più a distinguere l'associazione corretta dalle altre.

Per questo, poco fa, ti ho fatto l'esempio dell'amico che ho raggiunto al funerale del parente. Il mio abbraccio, dato nello stesso identico modo un mese più tardi e in un contesto totalmente diverso, gli ha richiamato una sensazione di tristezza e di vuoto. Se invece di abbracciarlo gli avessi stretto la mano, questo non sarebbe successo. Di questo aspetto, pur così importante, non si parla sui libri né viene spiegato ai corsi, non so perché.

Inoltre, altra cosa essenziale, il gesto deve essere **congruente** allo stato d'animo che stai ancorando, forse anche perché si riflette sul contenuto dell'ancoraggio. Se ancori una certa sensazione, ad esempio il relax, a un gesto incoerente, magari molto movimentato, che mima un diverso stato d'animo, non ottieni il risultato sperato.

Robbins, ad esempio, per ancorare "motivazione" usa un doppio movimento delle braccia piuttosto movimentato, simile ad una "ola" da stadio; ce la vedresti una gestualità tanto sfrenata ad ancorare "relax"? È un movimento adattissimo ad ancorare motivazione e, tra l'altro, permette di caricare e scaricare energia. Per lo stesso principio, incrociare le dita non è un gesto adatto ad ancorare motivazione, ma, piuttosto, lo è per il relax. Se vuoi rilassarti e stare più tranquillo, crea un ancoraggio incrociando le dita, un gesto discreto e non usuale.

Non hai idea di quante persone mi hanno chiesto aiuto in questo senso, perché, ancorando un gesto incongruente alla sensazione voluta, non riuscivano ad arrivare al risultato sperato. Quindi, ricorda, è importantissimo: il gesto deve essere congruente. Va bene un gesto più composto per il relax e uno più vivace per la motivazione. Magari anche meno forte o evidente di quello utilizzato da Robbins che, tra l'altro, non lo imponeva ai suoi allievi, ma con la frase «Make your move, make your move...», ossia «Fate la vostra mossa», chiedeva loro di individuare un proprio gesto da ancorare alla motivazione, limitandosi a fornire dei suggerimenti. Tra l'altro un gesto come quello proposto da Robbins è certo unico, perché non penso tu lo faccia spesso. Al contrario il pugno è banale, forse può facilitare una dimostrazione, ma poi non funziona, perché magari è legato a mille ancore diverse.

Un'ultima caratteristica importante riguarda proprio l'**intensità** emozionale dell'ancoraggio, in altre parole l'intensità emotiva giusta per ancorare efficacemente, rappresentata nel grafico riportato poco oltre.

Poco fa ti dicevo che una fobia è un'ancora perfetta, perché ha un'intensità molto forte. Pensaci: hai talmente paura dei cani o ti fanno talmente tanto orrore i ragni da non sopportarne la vista. O, magari, dalla volta in cui sei rimasto chiuso in ascensore, ora non puoi più entrarvi senza provare un senso di claustrofobia, quindi preferisci non utilizzarlo.

Ebbene, la differenza tra l'ancoraggio, come inteso in PNL, e il condizionamento sta proprio nell'intensità. Mentre l'ancoraggio è uno stimolo breve e intenso, il **condizionamento** è uno stimolo non intenso ma prolungato nel tempo.

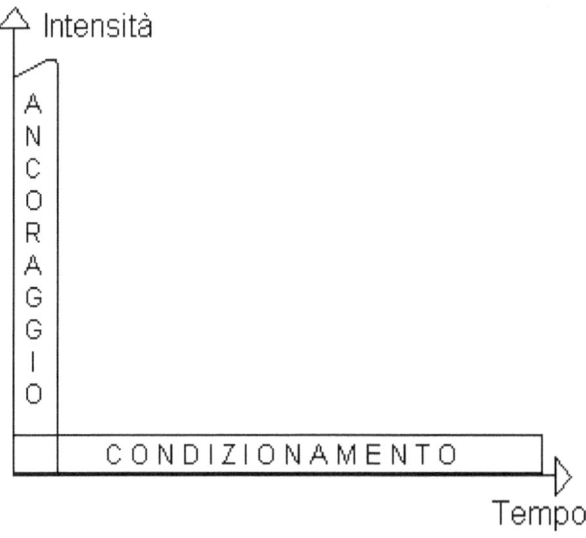


Innanzi tutto specifichiamo il concetto di condizionamento, perché è essenziale intendersi sui termini. Ivan Pavlov, servendosi di esperimenti con animali, teorizzò il condizionamento classico nei primi anni del Novecento. Se hai un cane o un gatto, ti sarai accorto che, se provi a dire «Pappa!», l'animale accorre. Il motivo è un condizionamento che gli hai impostato sin dai primi giorni di vita in casa tua. L'animale associa la parola "pappa" alla soddisfazione di un suo bisogno primario, che è quello di mangiare.

La prima volta non si è mosso, la seconda ha iniziato a capire, la terza è arrivato pensando che se dici "pappa" vuol dire che "si mangia", quindi "si sta bene". Dopo un mese di addestramento, alla parola "pappa", arriva correndo e sbavando.

Pavlov ha fatto la medesima cosa con i suoi cani, solo che si è avvalso delle campanelle. Faceva sempre precedere all'arrivo del cibo il suono delle campanelle, tanto che, dopo qualche tempo, al tintinnio i cani accorrevano. A questo punto Pavlov aveva capito che nella mente dei cani si era creata un'associazione tra suono della campanella e stimolo della fame.

Per verificare la bontà della sua intuizione, provò a suonare la campanella senza presentare cibo ai suoi cani e si accorse che essi sbavavano comunque. Quindi lo stimolo della salivazione non era più legato alla visione del cibo, ma soltanto al tintinnio della campanella.

Come ti dicevo, trattandosi di un condizionamento, lo stimolo non è di grande intensità emotiva, però, se lo ripeto per un tempo ragionevolmente lungo, creo una salda associazione. Così, se intorno all'ora di pranzo ti faccio pensare a una bella pasta all'amatriciana, inizi a produrre saliva; al contrario, se ti faccio pensare di bere una bella spremuta di limone, la bocca ti si asciuga. Come mai? Sono condizionamenti che hai creato a te stesso nel corso di molti anni.

Robbins lavora molto anche sul condizionamento, in particolare su ciò che definisce come "Condizionamento Neuro-Associativo". Si tratta di associare dolore a qualcosa che nella nostra vita non va bene e piacere a ciò che riteniamo giusto fare. Certo, poi sta ad ognuno condizionarsi nel tempo e motivarsi a lavorare su se stesso, altrimenti la strategia non funzionerà.

L'ancoraggio lavora in maniera diversa. Può bastare anche una sola occasione per crearlo, così come accade per le fobie, ma l'intensità emotiva coinvolta è assai più alta. È sufficiente associare, anche in una sola occasione, paura verso qualcosa per far sì che ti resti incollata per tutta la vita. Sarebbe utile creare delle associazioni contrarie alle fobie per controbatterle, forse sarebbero delle manie.

Ad esempio qualcuno potrebbe dire che, non appena vede un cioccolatino, non può assolutamente frenarsi dal mangiarlo. Si potrebbe affermare, quindi, con buona ragione, che ha la mania della cioccolata. Bandler, ad esempio, ci parla, prendendoli un po' in giro, di coloro che hanno la mania per i francobolli. Per carità, aver la passione va bene, ma arrivare al livello di andare in estasi nel vederne uno…!

Altre persone prediligono le emozioni forti e amano lanciarsi dall'aereo con il paracadute. Bandler non dà giudizi, ci dice che ci sono mille modi per raggiungere la felicità, l'importante è creare le giuste associazioni. Se trai piacere dal gettarti con il paracadute, ben venga, solo che è un po' difficile da realizzare con una certa frequenza, oltre che sconsigliabile, perché rischi la vita.

Ancora, Bandler prende bonariamente in giro il suo collega Robbins, che propone la camminata sui carboni ardenti come spunto motivante. Ci dice: «Non riesco a capire quale sia il bello di camminare sui carboni ardenti. Una volta è venuta una persona da me, vantandosi di aver camminato per diciassette volte sui carboni ardenti. Ebbene, io ho osservato che, forse, non era ancora riuscito a farlo bene, perché non si era ancora bruciato! Una volta Robert Dilts, che era mio allievo, si è messo due bistecche ai piedi e ha camminato sui carboni ardenti, voleva vedere se si cuocevano. Almeno in quel caso un'utilità c'è stata: ci siamo mangiati due belle bistecche alla brace!»

Si tratta di punti di vista diversi, Bandler è uno che scherza su tutto e su tutti, quindi non intende giudicare chi utilizza i carboni ardenti per motivarsi. Per Robbins i carboni ardenti sono un esempio di ancoraggio, certo non si diverte a veder soffrire la gente. Se ne serve solo per indurre nei suoi allievi uno stato di motivazione, forza e coraggio da poter riutilizzare quando ne avranno bisogno di fronte ai problemi reali di tutti i giorni.

La convinzione di Robbins, quindi, è che quando si troveranno di fronte a una difficoltà si diranno: «Io ho camminato sui carboni ardenti, sono stato in grado di richiamare quelle sensazioni solo con il linguaggio, con l'immagine, con un certo schema, quindi posso farlo anche adesso». Magari ripeteranno un gesto ancorato alla sensazione di quel momento, si sentiranno bene e avranno la forza di affrontare quella difficoltà. Al tempo stesso, come dice Bandler, non serve farlo diciassette volte, altrimenti l'ancoraggio viene meno; infatti non c'è più emozione a ripetere un gesto un'infinità di volte, non c'è più quell'intensità emotiva che c'era la prima volta.

Quindi, cosa molto importante, l'intensità deve essere alta se vuoi che l'ancoraggio sia duraturo. Cosa succede, però, se non riesci da subito a richiamare uno stato emotivo così forte, così intensamente emozionale? Nulla, lo fai due volte, tre volte finché ti serve per ancorare. Magari non raggiungerai il picco, ma un paio di punti intermedi che coprono un'area sufficiente a creare un'associazione abbastanza buona.

Il cervello, come dicevamo, lavora tramite neuro-associazioni, ovvero una sorta di collegamento tra un neurone e l'altro. Se lo stimolo collegato a una risposta è emotivamente molto intenso, si crea da subito un'autostrada. Se lo è meno, inizialmente crei una strada, però, percorrila oggi e percorrila domani, diventa comunque un'autostrada. Nel caso del condizionamento, in cui l'intensità emotiva è normalmente bassa, creerai un vialetto, ma passandoci attraverso molte volte, da vialetto si trasformerà comunque in strada.

Ciò che voglio dirti è che se non riesci da subito a ottenere la giusta intensità per creare l'ancoraggio che volevi, non importa: prova, riprova e insisti, finché non raggiungerai il risultato da te desiderato. Nel dubbio, fallo più volte, finché non riuscirai a realizzarlo perfettamente.

**SEGRETO n. 27: un buon ancoraggio deve possedere cinque caratteristiche particolari: momento di picco, durata, unicità, congruenza e intensità.**

Come si svolge il processo di ancoraggio? Adesso lo vedremo con la trascrizione di una dimostrazione che ho tenuto durante uno dei miei corsi in aula, perché è fondamentale che tu capisca a fondo con un esempio reale e concreto.

******************************************************

GIACOMO: Ho bisogno di un volontario per fare una dimostrazione, chi ha voglia di ancorarsi uno stato piacevole? Alessia? Perfetto, facciamole un applauso! Allora Alessia, che stato vuoi ancorare?

ALESSIA: Relax.

GIACOMO: Relax, vuole sentirsi rilassata. Forse perché stiamo parlando di ipnosi. Ancorarsi relax può essere positivo. Dimmi, Alessia, sei mai stata rilassata nella tua vita?

ALESSIA: Sì.

GIACOMO: Hai raggiunto anche stati profondi di rilassamento?

ALESSIA: Sì.

GIACOMO: Richiama alla mente un'occasione in cui ti sei sentita molto rilassata. E, mentre lo fa e si immerge nella situazione alla quale sta pensando, potete notare come i suoi occhi si stiano sfocando. All'inizio della dimostrazione, quando le facevo una domanda, mi guardava e mi rispondeva subito, lo avete notato? Mentre quando le ho chiesto di richiamare alla mente un'occasione in cui si è sentita rilassata, è andata in stato di relax e le si sono leggermente sfocati gli occhi, perché stava visualizzando le immagini riferite a quella data situazione.

Quindi, ora che sei qui e ascolti le mie parole e mentre gli altri ti guardano, continua a richiamare quella scena, quell'occasione, quella situazione o tutte quelle situazioni in cui hai vissuto uno stato di relax molto profondo, del tutto diverso dagli altri. Ti sentivi veramente bene, tranquilla e rilassata, esattamente come ora, mentre avverti questa sensazione di relax propagarsi dentro di te, nel tuo corpo. Succede perché sei completamente associata e, quindi, stai rivivendo quella situazione come stesse accadendo ora. Se mi dovessi indicare una parte del tuo corpo nella quale avverti in particolare questa sensazione di relax, quale sarebbe?

ALESSIA: La testa.

GIACOMO: La testa, bene. Sentite come ha cambiato anche il tono di voce, che è più profondo; si capisce che è molto associata. Bene, ora, mentre avverti un senso di relax nella testa, concentrati su questa sensazione, immagina che abbia un colore e che questo colore, con la sensazione ad esso associata, si espanda per tutto il corpo.

Lascia che si diffonda in tutte le parti del tuo corpo: nelle braccia, nelle gambe, nell'addome, nei piedi e nelle mani. Lascia che questo rilassamento si espanda anche nei più piccoli muscoli, nel viso, persino alla radice dei capelli. Senti che questa forma di rilassamento si sta espandendo nel tuo corpo.

Ora, proprio ora che stai raggiungendo il picco, stringi due dita tra loro. Stringile mentre senti questa sensazione di relax così forte, pensa alla parola "relax" e vivila al massimo.

Bene, ora rilascia le dita e torna qui e riapri gli occhi, sorridi mentre ripensi a tutto quello che hai fatto. Ti piace? Guardate cosa è interessante in questa dimostrazione: era talmente associata e rilassata da aver spontaneamente chiuso gli occhi senza che glielo avessi chiesto; tra l'altro io tendo a lavorare con gli occhi aperti, proprio per poter raggiungere questi stati di rilassamento in qualsiasi situazione. Ma la cosa che soprattutto mi ha colpito è che non voleva più uscire! Si è detta: «Sto talmente bene, così rilassata, che ad uscire non ci penso proprio!», pur trovandosi in una situazione che, in teoria, non è di totale agio, perché di fronte a un pubblico, con delle telecamere…

ALESSIA: Ero al mare e mi sento benissimo. Tranquilla e rilassata.

GIACOMO: Eri al mare, tranquilla e rilassata… Ottimo! Ora ogni volta che stringerai quelle dita, lascia scorrere nel tuo corpo quella sensazione di relax, ogni volta che vuoi…

***************************************************

Queste dimostrazioni sono sempre molto interessanti, perché, come vedi, ogni persona è diversa e ha un suo modo di reagire, di suggestionarsi e di richiamare sensazioni di rilassamento, di motivazione e così via, secondo lo stato che si è deciso di ottenere. Lei era talmente associata, talmente in stato, da non vedere più nulla di ciò che la circondava, ovvero gli altri allievi e le telecamere. Anch'io non esistevo più, tanto che non mi ascoltava e stava talmente bene che non ne voleva sapere di uscire.

E sai qual è la cosa più interessante, propria dell'ancoraggio? Che ora possiede un gesto tutto suo per rilassarsi. Il suo gesto è stato cinestesico, ma dentro la sua mente anche visivo o auditivo, scaturito, quindi, dalle parole che le ho detto o da ciò che mi ha risposto e ha utilizzato tutta una serie di stimoli assolutamente personali. Sappi che più ne utilizzi e meglio è ai fini dell'ancoraggio, che così funziona con migliori risultati.

In questo modo, se vorrà richiamare un certo stato d'animo, le basterà ripetere il medesimo stimolo. Un giorno potrebbe trovarsi a sostenere una prova importante che le dà ansia, come ad esempio un colloquio di lavoro. Ebbene, le basterà fare lo stesso gesto per vedere le stesse immagini, ascoltare le stesse parole e sentirsi rilassata e, grazie a questo ancoraggio, riuscire a gestire il suo stato di stress.

Un mio allievo durante un corso mi ha chiesto se, nell'impostare un ancoraggio, ha statisticamente più rilevanza la parte visiva, auditiva o cinestesica. Ho risposto che è del tutto soggettivo. Io, personalmente, utilizzo maggiormente la cinestesica, ma, ripeto, è un dato assolutamente soggettivo. Un'altra persona potrebbe trovarsi meglio con la visiva, un'altra ancora con l'auditiva.

**SEGRETO n. 28: per creare un buon ancoraggio è importantissimo scegliere un gesto tipico, che userai solo per**

**richiamare la sensazione ad esso collegata ogni volta che ne avrai bisogno.**

Come fai a sapere che funziona davvero? Dovresti trovarti in una situazione, poniamo, di insicurezza, utilizzare l'ancora della sicurezza e avvertire la sensazione di benessere. In realtà, per accertarsi del buon funzionamento della tecnica, non è necessario attendere di imbattersi in una situazione reale. Lo si può fare con la propria immaginazione, attraverso il **ricalco sul futuro** di cui ti ho già parlato nei capitoli precedenti. Ti è sufficiente immaginare di trovarti in una situazione di difficoltà e, subito, di sfruttare l'ancoraggio impostato per avvertire una sensazione di benessere e sapere che puoi affrontarla in maniera nuova.

**SEGRETO n. 29: per testare il buon funzionamento dell'ancoraggio da te impostato non è necessario che tu attenda di imbatterti in una situazione sgradevole, ti è sufficiente eseguire un ricalco sul futuro immaginando di viverla.**

Quindi vediamo come fornire a te stesso o ad altre persone, attraverso il ricalco sul futuro, suggestioni per utilizzare l'ancoraggio in maniera automatica o conscia nelle situazioni in cui ne avrai bisogno. L'ancoraggio è molto utile e, come vedi, è questione di associazioni.

Bandler si è occupato anche di curare le fobie, in particolare ci racconta di una donna colpita da agorafobia. Questo termine può essere tradotto letteralmente come "orrore della piazza" (dal greco *agorà*, "piazza"); soffrire di questa fobia significa avere paura di uscire in pubblico e porta chi ne soffre a chiudersi in casa. La donna si rivolse a lui per essere aiutata e Bandler la affrontò con il suo solito spirito ironico, osservando: «Va beh, questa è una fobia da ricchi, perché non tutti si possono permettere di passare la vita in casa, magari in una bella casa, con personale di servizio che pulisce e porta la spesa. Ci vogliono i soldi per questa fobia, è una fobia costosa!» Intanto, però, disse tra sé e sé: «Ci penso io!»

Arrivò in casa della signora e le disse: «Allora adesso parliamo un po'…» e iniziò a crearle una serie di ancoraggi tremendi sulla casa, facendole venire delle fobie ancora peggiori di quella che aveva! La condizionò al punto da far sì che la donna volle scappare di casa e fece fatica a rientrarvi. Gli ancoraggi sono il modo che Bandler utilizza per cambiare le associazioni.

La cosa importante è utilizzare consapevolmente le associazioni, sia che tu voglia modificarne una precedente, crearne una dal nulla o divenire consapevole di quelle che già hai dentro di te. Perché solo la consapevolezza delle associazioni ci permette di staccarci da esse, se lo vogliamo. Tu potresti dire: «Ci sono tante cose che mi fanno male, ora so perché; da oggi in poi cercherò di starne lontano e di crearmi nuove associazioni positive».

Per esempio, parlando di smettere di fumare, una persona può decidere di utilizzare delle ancore per soddisfare comunque i vantaggi secondari, che sono quelli che ci tengono incatenati ai vizi dei quali vorremmo liberarci. Se, ad esempio, fumi perché ti rilassa, puoi crearti un'ancora di rilassamento e fare a meno del fumo e dei suoi nocivi effetti collaterali. Così, ogni volta che avrai voglia di fumare, ti basterà "schiacciare" la tua ancora per entrare in stato di rilassamento e non aver più necessità della sigaretta. È una delle strategie più efficaci che esistano in PNL per raggiungere certi risultati.

Bandler, che ama fare molti esempi, ci racconta della volta in cui, ancora studente, andò a trovare Milton Erickson, portando con sé un suo collega. Quest'ultimo, un po' sbruffone, non appena vide Erickson iniziò a ricalcarlo. Ma lui, che certo non era uno sprovveduto, se ne accorse e decise di dargli una lezione. Nel prendergli la mano per presentarsi, realizzò un'induzione per stretta di mano, mandandolo in trance in pochi secondi; dopodiché iniziò a rievocare in lui momenti in cui era bambino e i genitori lo sculacciavano, così da fargli rivivere questa sgradevole sensazione.

A questo proposito Bandler dice: «Effettivamente, se create un buon ancoraggio, non è necessario sculacciare i vostri figli ogni volta che lo ritenete opportuno, vi basterà creare un'ancora e rievocare la sensazione. Io con mia figlia faccio così, quando fa qualcosa che non va, faccio solo un gesto che ho già ancorato alla prima e unica volta in cui l'ho sculacciata, lei si ricorda automaticamente e mi obbedisce». Quindi, in alcune situazioni, la tecnica dell'ancoraggio può anche essere usata in maniera creativa ed efficace.

In un'altra occasione Milton Erickson lavorò con una persona che aveva qualche problema a distinguere la realtà dalla fantasia, cioè non riusciva a cogliere le differenze tra cose reali e immaginarie. Erickson, semplicemente, le creò una nuova associazione chiedendole: «Parlami delle immagini che vedi. Ad esempio vedi questa penna? È reale, te lo dico io; tu come la vedi?» «La vedo contenuta in una sorta di cornice».

«Bene, adesso immagina che ci sia qualcosa su questa scrivania, una cosa che tu vedi e che però io non vedo. Come la percepisci?» «Sfocata, quasi trasparente e senza cornice» «Bene, abbiamo colto la differenza. La tua ancora per distinguere il reale dall'immaginario, a questo punto, sarà questa cornice. Quando sai che una cosa è reale, mettile subito una cornice attorno, così sei in grado di distinguerla senza fatica da una irreale. Altrimenti, se sai che una cosa è irreale, per accorgerti della differenza, lascia che l'immagine ti arrivi trasparente».

A questo proposito Bandler ci consiglia: «Oggi che tutti abbiamo un televisore e la Tv è molto diffusa, è meglio evitare di utilizzare il metodo della cornice, altrimenti si rischia di prender per reali anche i personaggi della Tv». Finiremmo come il pazzo che vedeva uscire dal televisore i personaggi de *La casa nella Prateria*! Quindi fai attenzione alle strategie e agli ancoraggi che crei e utilizzi.

Un altro esercizio di ancoraggio viene definito **cerchio dell'eccellenza**; è utilizzato nel public speaking e, in generale, come ancoraggio semplice per rievocare una serie di stati d'animo. È una forma più avanzata di ancoraggio, perché richiede la creazione di una somma di ancore. È possibile cioè, tramite tale strategia, ancorare più di uno stato d'animo a uno stesso gesto. Perché tu possa comprendere meglio l'uso del cerchio dell'eccellenza ti riporto la trascrizione di una dimostrazione effettuata durante un corso in aula.

************************************************************

GIACOMO: Ho bisogno di un volontario, chi vuol venire? Simone? Facciamogli un applauso. Il nostro amico ci dimostrerà questo esercizio. Questo esercizio ti può essere utile per il public speaking?

SIMONE: Sicuramente.

GIACOMO: Bene, perché è uno degli utilizzi più importanti, ma potrai applicarlo a qualsiasi cosa. Immagina che ci sia, qui, davanti a te, un cerchio. Pensi di essere in grado di allucinarlo?

SIMONE: Perfettamente.

GIACOMO: Bravissimo. Puoi dirmi che stati d'animo ti potrebbero essere utili per poter parlare in pubblico?

SIMONE: Sicurezza, determinazione… che altro? Tranquillità.

GIACOMO: Benissimo: sicurezza, determinazione e tranquillità sono le risorse di cui hai bisogno. Ora, mentre sei qui e ascolti la mia voce, prova a richiamare alla tua mente un'occasione in cui ti sei sentito molto sicuro di te e, mentre lo fai, immagina di essere completamente immedesimato in questa situazione. Ti vedi in associato, quindi sei realmente tu a sentirti sicuro, e avverti dentro di te la sensazione di sicurezza che stai vivendo.

Lasciala espandere, raddoppia la sua velocità e falla girare vorticosamente e, mentre gira, lascia che continui a espandersi in ogni parte del tuo corpo. Quando senti di essere prossimo al picco, fai un passo in avanti ed entra nel cerchio in modo che diventi la tua ancora per la sicurezza. Bene, ora respira, adotta una fisiologia sicura e sentiti bene. A questo punto fai un passo indietro ed esci dal cerchio. Ora che hai acquisito sicurezza, quale altra qualità vorresti possedere?

SIMONE: La determinazione.

GIACOMO: Bene, sei mai stato determinato nella tua vita?

SIMONE: Sì.

GIACOMO: Allora pensa alla volta in cui ti sei sentito veramente determinato. Anche in questo caso sei in associato, quindi, attraverso i tuoi occhi, guarda quello che guardavi, ascolta quello che ascoltavi, senti quello che sentivi e avverti la sensazione di determinazione diffondersi dentro di te. Sai benissimo dov'è all'interno del tuo corpo e, poiché lo sai, lasciala girare, falla muovere ed espandere liberamente in te. Raddoppia ancora la sua velocità in modo che la sua intensità cresca sempre più: ti senti determinatissimo, hai la fisiologia della persona determinata, ora ti accorgerai come cambia la tua respirazione!

Continua ad amplificarla, sei già a un passo dalla massima intensità. Ora arriva sino al picco ed entra nel cerchio, ancorandovi, oltre alla sicurezza, anche la determinazione. Ti senti molto determinato, avverti fino in fondo questa sensazione. Ora, di nuovo, esci.

Fai attenzione, perché ora che hai ancorato al cerchio un bel po' di stati d'animo, la cosa si fa interessante. Non puoi entrarci per sbaglio, perché altrimenti potresti sentirti troppo sicuro o determinato. Ma se lo facessi, poi potresti avere bisogno di un po' di tranquillità. Immagino che tu, nella tua vita, ti sia sentito anche tranquillo, a volte.

SIMONE: Certo.

GIACOMO: Bene, pensa a una volta in cui ti sei sentito molto tranquillo e rilassato, ma anche sicuro di te e determinato. Stavi facendo qualcosa che sai fare, eri in una situazione che ti metteva a tuo agio e, per questo, ti sentivi particolarmente tranquillo. Guardate come cambia la fisiologia quando una persona si immedesima! Sei in associato, vedi quello che vedevi, ascolti quello che ascoltavi e senti quello che sentivi. Nel frattempo la sensazione di tranquillità si sta espandendo sempre più nel tuo corpo e ora raddoppia di intensità, tanto che ti senti tranquillissimo.

Sei molto vicino al momento del picco, entri nel cerchio, ancori la sensazione di tranquillità che hai portato con te e, a questo punto, oltre che molto tranquillo, ti senti anche sicuro e determinato. Sicurezza, determinazione, tranquillità; stati davvero invidiabili, non ti pare? Non male, eh? Va bene, esci pure dal cerchio.

Ora immagina che, tra pochi secondi, dovrai tenere un corso di vendita, che so essere la tua passione, o magari proprio di public speaking. Hai di fronte un pubblico, cosa che, comunque, ti mette un po' di ansia, perché si tratta di persone preparate, ad alto livello, e quindi non ti puoi permettere di dire stupidaggini, perché se ne accorgerebbero. Questa situazione ti crea stress, ma tu sai come gestirlo: entrando in aula farai un passo per entrare nel tuo cerchio e, da lì, parlerai al tuo pubblico. Quindi immagina di essere in quella situazione, fai un passo in avanti, entra nel tuo cerchio e affronta in maniera nuova il tuo public speaking. Mettiti in una posizione ben centrata, equilibrato, sicuro, determinato e tranquillo e comincia. Ti senti meglio ora rispetto a prima di iniziare l'esercizio?

SIMONE: Sì.

GIACOMO: Sì eh? Certo, sei nel tuo cerchio dell'eccellenza! Bene, torna indietro. Ricorda che porti il tuo cerchio con te e lo potrai utilizzare sempre, in ogni momento in cui ti servirà. Ogni volta che parlerai in pubblico tu farai un passo in avanti, quello sarà il comando con cui dirai al tuo cervello di sentirsi sicuro, determinato e tranquillo. Lascia che questo accada ogni volta che ne hai bisogno, anche in situazioni diverse dal public speaking e portalo con te per il resto della vita. Grazie.

******************************************************

Ti pare interessante come esercizio? Come dicevo a Simone, può servirti per il public speaking come in qualsiasi altra situazione. Sei stressato sul lavoro? Se vuoi recuperare la tranquillità, ti basta fare un passo avanti, entrare nel tuo cerchio al quale avevi ancorato la sensazione di tranquillità e recuperarla, il gioco è fatto. Hai bisogno di un aumento di stipendio e devi parlarne al tuo capo? Nessun problema, prima di entrare nella sua stanza avrai cura di metterti in stato di sicurezza, determinazione e tranquillità, ovvero le tre ancore del cerchio dell'eccellenza della dimostrazione, che potrebbero essere utilissime anche a te per gestire la situazione di stress che stai per vivere.

La questione è, come al solito, del tutto soggettiva, perché ognuno ha bisogno di particolari risorse, non ne esistono di più o meno giuste in assoluto. Lo stress si affronta, sì, con il relax, ma anche con la sicurezza, la determinazione e altre mille abilità delle quali ognuno può sentire il bisogno.

Quindi, per riassumere, secondo la situazione da affrontare, scegli gli stati d'animo che desideri acquisire. Poi, ovviamente, una volta ancorati al tuo cerchio dell'eccellenza, saranno perfettamente riutilizzabili per altre situazioni nelle quali sarà necessario o opportuno recuperarli. Estrai le risorse traendole da situazioni che hai già vissuto e rivivile profondamente e in associato, quindi vedi ciò che vedevi, ascolta ciò che ascoltavi e senti ciò che sentivi. Avverti la sensazione propagarsi nel tuo corpo, lasciala espandere e raddoppiane l'intensità, che deve essere alta perché il tuo ancoraggio funzioni e, dato che non hai tempo da perdere, impostalo anche una sola volta, ma in modo efficace. Se dai al cervello la suggestione di raddoppiare al massimo l'intensità della sensazione che stai vivendo, lo farà davvero.

Al momento in cui senti di essere vicinissimo al picco, fai un passo in avanti ed entra nel cerchio. Resta centrato ed equilibrato e, anche con la tua fisiologia, esprimi sicurezza, determinazione e tranquillità. Mantieni la posizione e godi il benessere per tre/quattro secondi, poi esci per definire il confine tra lo stato super potenziante che hai nel cerchio, dato dalla somma di tutte le ancore, e il tuo stato normale. Segui questo procedimento per tutti gli stati che vuoi ancorare al tuo cerchio.

Rifacendoci all'esempio dimostrato da Simone, dopo il primo ancoraggio puoi dire: «Bene, ora che sono sicuro...», dopo il secondo: «Ora che sono sicuro e anche determinato...», dopo il terzo: «Ora che sono sicuro, determinato e anche tranquillo...» e via di seguito; continua così dopo aver ancorato ogni stato. Resta in posizione tre/quattro secondi e, infine, esci dal cerchio.

Man mano aggiungi stati d'animo e fa' sì che il tuo cerchio diventi una sommatoria di ancore. Il gesto di entrare nel cerchio è un comando che dai al cervello per accedere allo stato voluto o, in questo caso, in più stati e il cervello ti segue. Nello stesso modo, come ti dicevo, quando scopri di aver vinto i milioni di euro della lotteria di capodanno, ti dai il comando di sentirti felice e, di fatto, lo sei!

Dì a te stesso che fare un passo in avanti ed entrare nel cerchio equivale ad essere sicuro, determinato e tranquillo; il meccanismo è identico sia per le associazioni che per gli ancoraggi e funziona bene in entrambi i casi. La cosa più importante è creare la tua ancora o le tue ancore nel momento in cui vivi la massima intensità del tuo stato emotivo. Durante l'esercizio l'allievo ha ancorato tre stati, ma avrebbero anche potuto essere cinque.

Se pensi che per affrontare un public speaking hai bisogno di almeno cinque stati d'animo, non c'è problema, ancorane cinque. A Simone ne sono bastati tre, ma, come ti dicevo, sarebbero potuti essere di meno o di più, non c'è un numero prestabilito, è assolutamente soggettivo.

Ad ogni modo, nel fare l'esercizio, ti consiglio di ancorare almeno tre risorse al tuo cerchio, così potrai esercitarti bene. Hai cinque minuti, buon lavoro.

***

Ora che hai fatto l'esercizio, ti sarai accorto che è molto importante per capire come usare le ancore. Ti aiuta a utilizzarle in maniera creativa ed efficace per gestire lo stress. Tra l'altro, questa degli ancoraggi, non è che una delle tante applicazioni che esistono in Programmazione Neuro-Linguistica.

**SEGRETO n. 30: il cerchio dell'eccellenza è una forma di ancoraggio più avanzata, in quanto permette di collegare una serie di stati d'animo positivi a un unico gesto.**

A proposito di ancoraggi, io ricordo che, quando ero bambino, mia madre ogni tanto preparava delle buonissime crêpes utilizzando un'apposita padella. A quell'epoca arrivavo giusto all'altezza dei fuochi e mia madre mi raccomandava di non avvicinare la mano alla padella delle crêpes, altrimenti mi sarei scottato. Mia madre ha agito per il mio bene e in buona fede, ma, purtroppo, non ha colto nel segno.

Dire a un bambino di "non fare" qualcosa, in pratica equivale a invitarlo a farla, si tratta di un **comando negativo**. Quindi, come era prevedibile, ho messo la mano sulla padella con le crêpes in cottura e, ovviamente, mi sono bruciato. A quel punto, nella mia mente si è creato un ancoraggio tra la sensazione dolorosa della scottatura e il toccare la padella sul fuoco, tanto che non l'ho fatto più.

Ma è interessante sapere che si può impostare un ancoraggio anche senza fare effettivamente l'esperienza. Ciò vuol dire che avrei potuto capire che non era il caso di mettere la mano sul fuoco anche senza farlo e, quindi, senza bruciarmi. Sarebbe stato sufficiente che mia madre si fosse accorta che lo stavo facendo e mi avesse esortato a fermarmi. Non l'avrei comunque più fatto e avrei evitato di bruciarmi. Dire ad un bimbo: «Stop, non lo fare!», è un buon ancoraggio che gli evita di arrivare a fare esperienze negative, come è successo a me.

Ma ci sono comunque molti altri modi per creare ancoraggi. Ad esempio Robbins ci dice che se un bimbo, magari neonato, cade dal fasciatolo e finisce, poniamo, su di una moquette verde, nel futuro assocerà sempre il colore verde a una sensazione dolorosa. Da adulto odierà il verde pur non riuscendo a razionalizzare il perché; è un ancoraggio creato nella sua prima infanzia e non può ricordarne l'origine, ma il suo cervello continuerà, per tutta la vita, a replicare l'associazione tra il colore verde e il dolore. Una mia professoressa di filosofia, al liceo, odiava l'arancione, tanto che se qualcuno di noi si presentava in classe indossando un capo d'abbigliamento di una qualsiasi sfumatura di arancione, lo prendeva di mira e non c'era verso di evitarlo. Ovviamente noi studenti lo evitavamo accuratamente, senza però capire il perché della sua avversione.

Solo molto più tardi ho scoperto che anni prima, un mattone, caduto accidentalmente, le aveva spezzato un dito e da allora, essendo il mattone di colore arancione, le si era creata l'associazione tra il colore arancione e il dolore. Ovviamente non era stato il colore arancione a spezzarle il dito, ma lei non riusciva a razionalizzarlo e non poteva fare a meno di associarlo a un forte disagio.

Capito come funzionano le cose? Chissà quante ancore nasconde l'inconscio di ognuno! Può succedere che tu dica una cosa banalissima e del tutto innocente e che la persona con cui parli si arrabbi moltissimo; chissà quale tasto hai toccato che per lei, magari, è il classico tallone d'Achille! È un meccanismo talmente inconscio da non essere facilmente controllabile, per lo meno nei confronti degli altri. Per te stesso, forse, puoi fare un po' di più.

Bandler ci dice qualcosa di assai interessante, a proposito di ancoraggi, durante i corsi di Design Human Engineering, il cui acronimo è DHE. Si tratta di un'evoluzione della PNL ideata da Bandler. Alcuni concetti della DHE sono stati presi in prestito dalla PNL, altri da arti come il "Metodo Silva", la "Dinamica mentale" e così via. Ci parla di un diverso modo di gestire gli ancoraggi, le cosiddette **ancore scorrevoli**, che metteremo in pratica facendo degli esercizi.

In particolare le utilizzeremo per creare un **pannello di controllo mentale** attraverso il quale potrai richiamare stati d'animo a tua scelta in maniera molto semplice e puramente mentale. Come ti dicevo, si tratta di una nuova tecnica che Bandler ha costruito prendendo in prestito idee sia dalla PNL che da altre arti. Tra tutte ricordiamo il "Silva method", ovvero "Metodo Silva", che prende il nome dal suo ideatore, José Silva. Si basa su una sorta di allucinazione che consiste nel visualizzarsi in un laboratorio, che forse avrai già sentito nominare come "laboratorio mentale", nel quale hai tutto ciò che ti serve per acquisire stati d'animo che ti possono essere d'aiuto in varie situazioni della vita.

Di base c'è un pannello di controllo, grazie al quale puoi gestire risorse e cui potrai aggiungere altre strumentazioni a tua scelta, magari un televisore sul quale visualizzare situazioni in cui ti piacerebbe trovarti, un armadietto contenente alcune medicine per farti passare il mal di testa o l'orologio con il quale mettere la sveglia per alzarti, la mattina seguente, all'ora da te desiderata. Si tratta di meccanismi assai efficaci che lavorano nel cervello e dei quali puoi prendere il controllo con semplici visualizzazioni.

Della nuova arte del DHE, della quale Bandler tiene un solo corso l'anno in America, non c'è neppure molto materiale scritto dal quale trarre informazioni. Si sa, però, che è centrale il discorso del pannello di controllo basato su ancore scorrevoli e su altri aspetti propri della PNL, che forse già conosci e sui quali tra poco lavoreremo.

Ora ti guiderò nella creazione del tuo pannello di controllo, uno strumento che potrà esserti utile sempre e in qualsiasi momento.

Io ho in auto dei cd di DHE che ascolto regolarmente, perché contengono molte informazioni interessanti. In passato, quando sapevo di dover partecipare a un qualche corso di Bandler, ascoltavo le registrazioni anche per abituarmi alla sua pronuncia particolare, uno sleng molto stretto, e comprendere tutto ciò che diceva.

Tornando al pannello di controllo, ricordo che, ad esempio, per discutere con la massima serenità la mia tesi di laurea, mi ero creato un pulsante mentale con il quale richiamare istantaneamente uno stato di rilassamento. Questo mi ha permesso di esporre il mio lavoro con scioltezza e senza esitazioni dall'inizio alla fine. Si può grazie a particolari esercizi mentali, è un modo alternativo di creare un ancoraggio.

In sostanza, invece di collegarlo a un gesto, puoi immaginare un pannello con una serie di pulsanti che rappresentano le leve con cui puoi gestire i tuoi stati d'animo. Bandler ci dimostra, attraverso esempi ed esercizi, che utilizzando questo modello si possono arrivare a modificare la propria pressione sanguigna, il proprio battito cardiaco, la propria respirazione e molto altro. Lui, che è diabetico, utilizza questo pannello anche per curarsi. Grazie ad esso, incredibile a dirsi, riesce a modificare i valori della sua glicemia, pertanto ha, nel suo caso, una valenza salutistica.

Ora, invece, lo utilizzeremo per creare ancoraggi ad alcuni stati che potranno risultarti utili. Ne ho identificati alcuni validi per la stragrande maggioranza delle persone, sui quali potremo lavorare: il relax, la sicurezza e la motivazione. Poi, più tardi, ti chiederò di indicarne uno a tua scelta e di legarlo a te con il sistema delle ancore scorrevoli. In questo modo otterrai un modello personalizzato all'interno del pannello. Ovviamente, in seguito, potrai aggiungere quante ancore vorrai; l'importante è capire il meccanismo.

Ora immagina semplicemente di trovarti in una stanza che ti piace, bellissima e molto confortevole. Sei seduto su una sedia molto comoda e davanti a te hai il pannello di controllo. Intanto pensi a un'occasione nella quale ti sei sentito davvero molto rilassato. Sul pannello, a tua scelta, può esserci un televisore, quindi uno schermo, oppure possono esserci dei pulsanti e delle leve, come fosse la cabina di comando di un aereo (che, come sai, è piena di ogni sorta di pulsanti e di leve). In questo caso, però, non è così ingarbugliata, ma più semplice, come piace a te.

Immagina che il tuo pannello abbia quattro pulsanti, ora focalizzati su di essi. Il primo è quello del **relax** e ti basta premerlo per entrare automaticamente in uno stato di grande e profondo rilassamento. Quello stesso rilassamento che la tua mente ben conosce perché tante volte l'hai provato, magari facendo una gita in montagna, una passeggiata al parco o un bel bagno caldo dopo una dura giornata di lavoro. Il pulsante, tra l'altro, è anche molto bello a vedersi, colorato e tridimensionale, quindi, non appena lo spingi, ti senti invadere da una sensazione di grande relax.

Mentre lo fai, ti rendi conto che il pulsante è sormontato da una leva, perché lo stato di rilassamento che provi è, sì, bello ma non è ancora arrivato al massimo, al picco estremo. La leva, in questo momento, è posizionata verso il basso e tu inizi ad alzarla. Man mano che la sollevi (e, intanto, fallo anche con le mani) lo stato di rilassamento raddoppia e aumenta sempre più, come se, gradualmente, stessi alzando il volume dello stereo. Continui ad alzarla sempre più, raddoppiando, triplicando e decuplicando così il tuo rilassamento, che, di conseguenza, diventa due, tre, dieci volte più intenso, fino a raggiungere lo stato di picco. Quindi, riassumendo, prima spingi il pulsante per attivare il rilassamento e poi alzi la leva per raddoppiarlo, triplicarlo, decuplicarlo sino a portarlo al picco massimo.

Ora che sei abbastanza rilassato, puoi riabbassare la leva e diminuire il tuo stato di rilassamento, dopodiché premi di nuovo il pulsante per spegnerlo. Ora, infatti, passiamo alla seconda fase, durante la quale ti ancorerai la risorsa della **sicurezza**. Osserva un attimo il secondo pulsante del tuo pannello, anche se sei ancora un pochino intorpidito perché molto rilassato. È il pulsante della sicurezza e, mentre lo premi, ripensa alla volta in cui ti sei sentito estremamente sicuro di te stesso e coraggioso, tanto che niente e nessuno avrebbe potuto spaventarti.

La sicurezza, tra l'altro, è proprio uno dei tuoi ideali, dei tuoi valori. Quindi, mentre premi questo pulsante tridimensionale, bello e comodo da spingere, ti accorgi che, anche in questo caso, è sormontato da una leva. La sollevi pian piano e intanto senti crescere la tua sicurezza. Raddoppia, triplica, decuplica e diviene sempre più intensa man mano che porti la leva verso l'altro, tanto da divenire immensa. Nessuno è mai stato così sicuro come te in questo momento, in cui senti che potresti affrontare qualsiasi persona e situazione. La tua sicurezza è al top, al picco e questo semplicemente perché hai alzato una leva e premuto un pulsante nella tua mente.

Ma ora non è il caso di restare così sicuro, quindi riabbassa la leva fino a riportarla completamente verso il basso. Premi di nuovo il pulsante per disattivarlo e mandarlo in "off". Ebbene, ora che sei sicuro e rilassato, vuoi ottenere un terzo stato, la **motivazione**, per servirtene quando ti occorrerà, nel momento in cui dovrai affrontare una situazione importante. Ma non solo, perché anche nella vita di tutti i giorni vuoi sentirti bene, entusiasta e motivato già appena sveglio.

Per cui premi il pulsante della motivazione e, mentre lo fai, pensa a un'occasione in cui ti sei sentito molto motivato e pieno di carica ed energia. Anche in questo caso il pulsante è sormontato da una leva, sollevala e, pian piano, ti senti invadere da una sensazione di forza, carica ed energia. Sollevala ancora un po' e senti questa sensazione raddoppiare, triplicare, decuplicare sino a raggiungere il picco massimo. Ti accorgi che non sei mai stato così motivato, che nessuno, neanche Robbins, è stato mai in grado di portarti a questo livello di motivazione, tanto che nessuno è mai stato motivato come te ora. Ora, però, per non sentirti eccessivamente motivato, riabbassa completamente la leva e premi di nuovo il pulsante della motivazione per mandarlo in "off".

A questo punto abbiamo visto i primi tre pulsanti presenti sul pannello; ci manca il **quarto** e immagino tu sia molto curioso di sapere a quale stato si riferisce.

Ma sai una cosa? Io non so cosa nasconde il quarto pulsante, perché è la risorsa che tu desideri ottenere per affrontare una situazione che hai in mente o che vuoi possedere, in genere, nella vita di tutti i giorni. Sei tu a doverla scegliere; solo tu, infatti, puoi sapere quale sia. Quindi devi ancorare al quarto pulsante questa risorsa, estraila da te stesso per poterla poi utilizzare nel momento che ritieni più opportuno.

Per cui premi il quarto pulsante e intanto pensa alla volta in cui ti sei sentito al massimo con quella risorsa. E mentre ci pensi, rivivi quella situazione, avverti la sensazione e moltiplicala. Anche qui hai la possibilità di sollevare una leva, quindi alzala, raddoppia, triplica, decuplica la sensazione, ancora e ancora di più, sentila espandersi ovunque nel tuo corpo. Questa risorsa è fondamentale per te e quindi deve essere pronta all'uso ogni volta che ne avrai bisogno. Alza la leva fino a raggiungere il picco, ancora a te la risorsa e poi riabbassala pian piano. Una volta raggiunto il minimo, manda in "off" in pulsante.

Lascia che la tua mente crei tutti i pulsanti e le leve che vuole per permetterti di ancorare le risorse di cui hai bisogno. Perché il relax, la sicurezza e la motivazione sono risorse importanti, così come senz'altro lo è la quarta risorsa che hai scelto; ma ci sono certo tante altre risorse e valori per te importanti che puoi ancorarti.

Lascia che la tua mente faccia tutto da sola, ormai sa come comportarsi, gliel'hai insegnato ripetendo il procedimento tre o quattro volte. Crea tutti i pulsanti e tutte le leve di cui hai bisogno, così che, al momento opportuno, potrai premere il pulsante, sollevare la leva e moltiplicare l'intensità della risorsa che ti serve.

E mentre lo fai, goditi i risultati ottenuti e sii contento di avere un pannello di controllo con cui gestire i tuoi stati d'animo e tenere a bada il tuo stress. Soprattutto pensa che non ci saranno più situazioni che ti potranno stressare, perché, d'ora in poi, avrai in qualsiasi momento la possibilità di sentirti sicuro, determinato, tranquillo, rilassato o come altro vorrai. Potrai possedere qualsiasi risorsa, perché il tuo senso di responsabilità farà sì che tu possa gestire al meglio i tuoi stati d'animo.

Durante i miei corsi in aula, a fine esercizio, chiedo ai miei allievi di continuare a guardarmi e lasciarsi andare a un sorriso, di sentirsi contenti e divertiti, anche perché il divertimento è una risorsa importante. Dopodiché chiedo loro di risvegliarsi tutti assieme e di farsi un bell'applauso, perché se lo meritano ed è giusto che si gratifichino.

Nel vedere tanti bei sorrisi mi viene naturale chiedere loro un feedback, mi piace sapere come si sentono, se è piaciuta loro l'idea del pannello di controllo. Alcuni mi dicono di aver avuto addirittura la sensazione tattile di toccare pulsanti e leve del pannello, altri di aver utilizzato tutti i canali sensoriali possibili.

**SEGRETO n. 31: la strategia delle ancore scorrevoli ti permette di richiamare con grande facilità una serie di stati d'animo a tua scelta attraverso l'uso di un pannello di controllo mentale.**

Comunque, in genere, tutti riescono a calarsi perfettamente nella situazione, come la vivessero davvero. Spero questo sia successo anche a te, perché devi vivere l'esercizio, fare in modo di sentirti lì, di fronte al pannello, in quella precisa situazione. Silva consigliava di **personalizzare il proprio laboratorio**, ossia di comporlo con ciò che ognuno più desidera. Inserisci nel tuo pannello i pulsanti che preferisci, adatta lo schermo a tuo gusto. Come lo vuoi? Dev'essere un 50 pollici, un 3 pollici? Va comunque bene, l'importante è che sia giusto per te.

Ora sbizzarrisciti con le immagini, puoi integrare il tuo pannello inserendovi tutti gli esercizi di PNL che conosci. Ad esempio puoi divertirti ad utilizzare le submodalità, visualizzando in vari modi le tue immagini interiori: vicine, lontane, grandi, piccole, tridimensionali e così via. Robbins ci dice che: «Non tutti sono pronti a lavorare sulle submodalità, tanto più che il termine appare molto astratto e quasi nessuno ne conosce il significato. Tanto vale fare degli esempi concreti».

Quindi, seguendo il consiglio di Robbins, immagina di avere di fronte a te un televisore. Hai la possibilità, spingendo vari pulsanti, di regolare la luminosità e la nitidezza, aumentare o diminuire il contrasto. Ecco, fa' la stessa cosa con le tue immagini mentali, ti accorgerai che nel variarne i parametri cambieranno anche le sensazioni ad esse associate.

Se c'è una situazione che ti stressa, trasformala in immagine. Inizialmente ti apparirà molto vicina, pian piano allontanala, fino a tramutarla in un puntino scuro all'orizzonte, vedrai che, come per magia, il grado di stress ad essa collegato diminuirà. Un altro modo per ottenere lo stesso risultato è quello di dissociarti dall'immagine della situazione che ti stressa. Inizialmente la vivi come ci fossi dentro, poi fai un passo indietro, te ne distacchi e ne sei fuori. Come vedi, piccoli accorgimenti mentali possono interrompere il tuo stress o diminuirlo e portarlo in "eustress", ovvero lo stress positivo che ti fa bene.

Il pannello di controllo, e in generale il laboratorio mentale, è uno strumento personalizzabile in grado di integrare ogni tecnica. Puoi aggiungervi tutti i pulsanti che preferisci, a livello inconscio l'hai già fatto, quindi usali. Immagina di trovarti in una situazione che normalmente ti stressa, ora la devi affrontare e hai nuovi strumenti per farlo. Premi il pulsante adeguato, alzi la leva, ti senti bene e fai un bel respiro; cosa che va sempre bene, perché, come sai, al cambiamento di stato corrisponde un diverso modo di respirare, e questo è normale, perché stato mentale e fisiologia sono connessi.

**SEGRETO n. 32: puoi riempire la "stanza mentale" in cui hai inserito il pannello con gli strumenti per te più utili. Il pannello stesso può essere personalizzato inserendovi i pulsanti e le leve che preferisci.**

Nei miei corsi di motivazione spiego che curare la fisiologia è molto importante. Infatti, se ti siedi curvo e insaccato, quindi in posizione un po' depressa, il cervello riconosce la postura che hai adottato e farà sì che tu ti senta davvero depresso! Se ti poni in un certo modo, ti sentirai in quel modo perché c'è un intenso collegamento tra la mente e il corpo. Ce lo insegna la scienza.

Ho notato che alcuni miei allievi, nel fare l'esercizio, preferiscono disegnare la situazione, per sentirla più concreta; la trovo un'ottima idea. Ad esempio, durante i corsi sulla memoria, insegno alcune tecniche che presuppongono che si scrivano alcune parole chiave per poi creare delle catene di associazioni e memorizzare meglio, perché scrivere e disegnare rende tutto più concreto. Così, quando fai esercizi per definire i tuoi obiettivi, scriverli te li rende più concreti e vicini, per cui il tuo cervello si focalizza su di essi e ti spinge, in qualche modo ti programma, a raggiungerli più velocemente.

Gli ancoraggi, quindi, sono qualcosa di estremamente utile che puoi usare su te stesso ma anche su altre persone. Ricordi quando ti ho raccontato della volta in cui mi sono trovato a parlare di fronte a 150 trainer internazionali? Certo, avevo un po' di timore, era piuttosto difficile mantenere lo stato, però avevo gli ancoraggi al mio pannello mentale. Quindi, al momento di salire sul palco per parlare, ho premuto tutti i pulsanti che mi potevano essere utili in quel momento per sentirmi sicuro, rilassato e determinato.

Ovviamente ho utilizzato anche il "cerchio dell'eccellenza", al quale avevo ancorato le risorse migliori per sentirmi bene e parlare sicuro e rilassato, come in genere sono abituato a fare. Per ancorare la sicurezza, ad esempio, mi ero rifatto all'esperienza dei corsi che tengo in Italia, durante i quali mi sento molto forte e sicuro. Ho portato il mio cerchio con me in America e ha funzionato nel modo migliore, dandomi forza e sicurezza.

Ricordo anche di aver creato, in quel contesto, un'ancora per far ridere gli altri trainer. Appena salito sul palco ho detto, parlando in inglese: «Hi everyone, my name is Giacomo Bruno and the translation in english is James Brown», ovvero, «Ciao a tutti, il mio nome è Giacomo Bruno e la traduzione in inglese è James Brown» ed è vero! Fatto sta che si sono messi tutti a ridere e, grazie a questo stratagemma, ho creato un'ancora tra la traduzione inglese del mio nome, ossia "James Brown", e il divertimento.

Quella del parlare davanti agli altri trainer non era che la prima di una serie di prove e alle successive, ovviamente, gli altri non si ricordavano più di me: eravamo, come sai, 150! Ma mi bastava dire: «Hi, I'm James Brown», ossia «Salve, sono James Brown», per far sì che tutti si ricordassero e iniziassero a ridere. Come ti dicevo, ormai avevo ancorato il dire "James Brown" a uno stato d'animo di divertimento, per cui mi bastava ripeterlo perché tutti ridessero e per avere quindi da subito la platea ancorata a quella reazione. Tuttora, quando scrivo a John La Valle o a Richard Bandler via email, mi firmo Giacomo Bruno e, tra parentesi, James Brown, per far sì che anche loro si ricordino di me. Come vedi, quindi, può essere importante utilizzare queste forme.

Passiamo a un altro esempio di ancoraggio. Tempo fa, durante un mio corso, ho notato che uno studente aveva in mano un libro; incuriosito, gli ho chiesto di cosa si trattasse. Lui me lo mostrò: era l'ordine degli studi della facoltà di Scienze della Formazione. Ebbene, mi è preso un colpo, perché istantaneamente sono rientrato nello stato d'animo del diciannovenne che, volendo iscriversi alla facoltà di Ingegneria, ne consultava l'ordine degli studi. Sono sensazioni particolari per chi inizia una cosa nuova, per cui la visione del testo mi ha rievocato uno stato d'animo non positivo.

Quindi, posto che ci sono moltissimi ancoraggi che non sai di avere e che ti possono rievocare situazioni gradevoli e sgradevoli, è bene che impari a gestirli. Solo così, infatti, sarai in grado di decidere in che stato d'animo essere in qualsiasi momento e in qualsiasi situazione stressante o, comunque, spiacevole.

Ora vedremo come utilizzare, in maniera combinata, l'ancoraggio e la time-line, altro grande strumento della PNL e dell'ipnosi.

RIEPILOGO DEL GIORNO 5:

- SEGRETO n. 27: un buon ancoraggio deve possedere cinque caratteristiche particolari: momento di picco, durata, unicità, congruenza e intensità.

- SEGRETO n. 28: per creare un buon ancoraggio è importantissimo scegliere un gesto tipico, che userai solo per richiamare la sensazione ad esso collegata ogni volta che ne avrai bisogno.

- SEGRETO n. 29: per testare il buon funzionamento dell'ancoraggio da te impostato non è necessario che tu attenda di imbatterti in una situazione sgradevole, ti è sufficiente eseguire un ricalco sul futuro immaginando di viverla.

- SEGRETO n. 30: il cerchio dell'eccellenza è una forma di ancoraggio più avanzata, in quanto permette di collegare una serie di stati d'animo positivi a un unico gesto.

- SEGRETO n. 31: la strategia delle ancore scorrevoli ti permette di richiamare con grande facilità una serie di stati d'animo a tua scelta attraverso l'uso di un pannello di controllo mentale.

- SEGRETO n. 32: puoi riempire la "stanza mentale" in cui hai inserito il pannello con gli strumenti per te più utili. Il pannello stesso può essere personalizzato inserendovi i pulsanti e le leve che preferisci.

# GIORNO 6:

## I Segreti della Time-Line

La time-line, ovvero la linea del tempo, è un prezioso strumento dell'ipnosi segreta che ti consente di lavorare sul passato e sul futuro durante gli stati di rilassamento. Si deve a Tad James, grande maestro della PNL, autore del libro *Time-line* edito da Astrolabio. Puoi leggerlo se ti interessa approfondire e avere qualche notizia in più, tuttavia sappi che affronta il discorso da un punto di vista medico/terapeutico, quindi è dedicato a un pubblico piuttosto ristretto. Ti consiglio, invece, di eseguire con attenzione gli esercizi che ti proporrò tra poco, perché, grazie ad essi, imparerai ad usare la strategia in modo generativo, ossia per raggiungere obiettivi, per risolvere il problema dello stress, per sentirti più sicuro in determinati momenti e così via.

Durante i miei corsi rivolti ai medici, prospetto loro la possibilità di utilizzare la time-line non solo come strumento generativo ma anche terapeutico, quindi per ricercare nel passato dei propri pazienti eventuali traumi e fobie da curare. Diventa un nuovo mezzo che il medico può aggiungere ai tanti che già possiede.

Come ti anticipavo, in questo caso useremo la time-line in modo generativo, quindi per definire i tuoi obiettivi e visualizzare il tuo futuro. Se faremo riferimento al passato, sarà solo per recuperare risorse potenzianti che già possiedi. Ricordi quando ti ho chiesto di ancorare risorse al tuo pannello? Sei tornato con la mente a una situazione positiva del passato per recuperare una risorsa che ritenevi importante possedere. Ora puoi fare la stessa cosa per poi ancorartela; ormai sai come fare. In questo modo potrai portarla nel presente oppure proiettarla nel futuro per affrontare ogni situazione che ti stressa o ti crea ansia, come un esame o un colloquio di lavoro.

Ma cerchiamo di dare una definizione della time-line. Bandler ci dice che ognuno ha, nella sua mappa soggettiva della realtà, un diverso modo di schematizzare la localizzazione del tempo. Se, ad esempio, pensi al tuo futuro, potresti immaginare che sia di fronte a te. Se ti viene in mente qualcosa che devi fare entro domani, ti arriverà un'immagine abbastanza vicina, a un passo dal tuo viso. Se, al contrario, pensi a qualcosa che dovrai fare in un futuro lontano, magari tra venti o trent'anni, l'immagine, pur trovandosi sempre di fronte a te, sarà però piuttosto lontana. Se invece pensi al passato, per consonanza potresti immaginare che sia dietro di te. Quindi, se ti viene in mente qualcosa che hai fatto non più tardi di ieri, avrai l'immagine alle tue spalle, ma piuttosto vicina a te; se invece pensi a un evento che risale a molti anni fa, ad esempio il primo giorno di scuola, avrai l'immagine alle tue spalle, ma piuttosto distante da te.

Comunque non è che un esempio, ti ho parlato del mio modo di visualizzare eventi futuri e passati. C'è chi, ad esempio, visualizza il futuro alle spalle e il passato di fronte, o il futuro a destra e il passato a sinistra o viceversa o ancora in altri modi; dipende dal sito in cui ognuno codifica gli eventi all'interno del proprio cervello. Quindi, per fare la distinzione tra un cosa che è avvenuta nel passato e qualcosa che avverrà nel futuro, il cervello si regola a seconda della posizione che essa occupa al suo interno.

Useremo la time-line come strumento, quindi non è interessante, ai tuoi fini, il fatto che sia diritta piuttosto che curvata verso sinistra o destra: non esiste la time-line perfetta, sono tutte ugualmente valide. Per comodità faremo in modo di immaginarla come una linea retta, ma potrai visualizzarla come preferisci, perché, in fondo, non è che un mezzo per recuperare risorse e raggiungere obiettivi.

Quindi immagina di trovarti di fronte al tuo presente e a una linea che rappresenta il tuo futuro. Devi stabilire quali siano gli obiettivi importanti da raggiungere nel corso della tua vita. Cosa vuoi realizzare in concreto? Molte persone non lo sanno e non se lo chiedono, preferiscono vivere alla giornata. Fanno scelte a caso senza domandarsi se, in prospettiva, potranno essere le più giuste.

Può essere utile esercitarti a pensare di essere arrivato all'età di cento anni e di guardare indietro il corso della tua vita. Ti piace ciò che hai costruito? Potresti rispondere di no, perché hai fatto una serie di stupidaggini. Hai trascorso diversi anni legato a una persona non adatta a te, hai scelto di accettare un certo tipo di lavoro, anche se sapevi che non ti avrebbe portato da nessuna parte né avrebbe realizzato i tuoi valori.

Tutte cose delle quali ti accorgi solo guardando la tua vita da un diverso punto di vista, perché mentre se sei preso dalla routine di alzarti tutte le mattine per andare a lavorare, fai fatica a capire che stai perdendo tempo. Spesso, poi, si è costretti a proseguire nella routine quotidiana anche dalla necessità di ottenere uno stipendio a fine mese che consenta di vivere decorosamente. Non è facile mollare un lavoro su due piedi per tentare di intraprendere l'attività dei propri sogni, ma rendersene conto è comunque un buon passo in avanti.

In questo consiste lo strumento della time-line: ti aiuta ad aumentare la consapevolezza della tua situazione attuale e, in generale, a migliorare la tua capacità di gestire il tempo. Se ricordi, più o meno all'inizio della guida, abbiamo parlato della distinzione tra cose urgenti e cose importanti.

Con la time-line, ad esempio, attraverso un semplicissimo esercizio, puoi osservare la tua vita e dire a te stesso: «Sì, ho fatto tanti lavori, ma nessuno rispecchiava ciò che è realmente importante per me. Per tutta la mia vita non ho fatto altro che inseguire le urgenze». Io direi che, forse, è bene che tu lo scopra il prima possibile per rimediare in tempo utile.

**SEGRETO n. 33: la time-line ti può aiutare ad aumentare la consapevolezza della tua situazione attuale e, in generale, a migliorare la tua capacità di gestire il tempo.**

Ancora, magari, ti trovi a dover prendere una decisione su due piedi e ti chiedi: «Che fare? Quale sarà la direzione migliore da prendere?» Grazie a questo esercizio, che ti proietta molto in avanti nel futuro, riesci a prospettarti un ventaglio di opportunità possibili e a stabilire quale sia la più giusta per te. Ti puoi chiedere: «Che tipo di conseguenze avrò se, al momento presente, prendo la decisione numero 1? Quali se, invece, prendo la decisione numero 2?»

Dall'alto dei tuoi cento anni, che hai raggiunto velocemente grazie a questa strategia, sei in grado di valutare quale strada intraprendere. Può darsi che, nel breve termine, la decisione numero 2 sia più faticosa da praticare, perché comporta maggiore fatica e ansia, magari inizialmente ti costerà, però sul lungo termine ti porterà a realizzarti, cambiando in meglio tutta la tua vita.

A questo proposito, nel corso di *Ricchezza*, racconto una storia piuttosto interessante. C'era, in California, un paesino molto arido, nel quale mancava spesso l'acqua. Ce n'era a sufficienza per tutti solo quando pioveva, cosa che accadeva assai di rado. Data la situazione, il sindaco decise di indire un appalto per la fornitura idrica dal quale risultarono vincitori a pari merito due concorrenti di nome John e Richard.

Uno dei due, John, si mise subito al lavoro. Tutte le mattine si alzava, prendeva due secchi, andava al fiume, li riempiva, li portava nella cittadina e li versava in un pozzo. Così, pian piano, lavorando dalla mattina alla sera e dal lunedì al venerdì, arrivò a riempirlo, dopodiché cominciò a vendere ogni secchio d'acqua al prezzo di un dollaro. C'erano centinaia di persone da rifornire ogni giorno in paese e, per questo, John iniziò ad accumulare una discreta quantità di denaro.

Richard, invece, scomparve per un po'. Il sindaco non vide la cosa di buon occhio, perché sperava si creasse una sana concorrenza fra i due, a tutto vantaggio dell'efficienza del servizio e della qualità dell'acqua. Ciò però non accade sin dall'inizio e John, che era rimasto, ne era ben contento. Continuò a fare il suo lavoro e a guadagnare un bel po' di soldi.

Tuttavia, dopo sei mesi, a sorpresa tornò Richard e tutti si chiesero dove fosse stato. Raccontò di essere stato a Los Angeles, una grande città, alla ricerca di soci finanziatori. Una volta raggiunto un accordo e tornato in paese, formò una nutrita squadra di operai e fece costruire un lungo acquedotto che dal fiume portava l'acqua direttamente al pozzo del paese.

Quindi, sette mesi dopo la vincita dell'appalto, Richard era in grado di offrire, con ottima efficienza, acqua pulitissima e, in più, a un quarto del prezzo a cui John vendeva acqua non perfettamente pura. Inoltre, grazie all'acquedotto, poteva fornirla non solo di giorno ma anche di notte e sette giorni su sette. A quel punto, ovviamente, tutti iniziarono a comprare l'acqua da Richard.

John cosa fece? Non rimase certo con le mani in mano: non voleva vedere andar perso tutto il lavoro che aveva fatto per sei mesi con grande fatica, né permettere che Richard gli soffiasse l'impiego con tanta facilità. Allora cosa pensò di fare? Stabilì di vendere l'acqua a un prezzo inferiore rispetto a quello praticato da Richard. Acquistò altri due secchi e iniziò a caricarsi quattro secchi alla volta, facendo veramente una fatica immensa.

Per alleggerirsi un po' decise di assumere i figli in modo che coprissero i turni di notte e il week-end. A questo punto anche lui arrivò a fornire abbastanza acqua per tutti e riuscì a riconquistarsi qualche cliente che voleva spendere di meno. Purtroppo non poté durare, perché John aveva coinvolto l'intera famiglia in un'attività pesantissima, senza riposo e tutto per pochi spiccioli.

Richard, intanto, lavorava comodamente seduto a una scrivania, aveva i suoi spazi per rilassarsi e andava in vacanza, quindi si godeva la vita grazie ai soldi che gli arrivano in quantità, senza faticare più di tanto. In più non tenne fermo il suo denaro, lo investì e, visto che l'affare andava così bene, decise di costruire altri acquedotti per rifornire di acqua tutti i paesi vicini. Ebbe un tale successo che poté permettersi di abbassare ancora il prezzo dell'acqua. Infatti, anche se avesse guadagnato un solo centesimo per ciascun secchio d'acqua, poteva comunque contare su un tal numero di richieste da permettersi di campare di rendita per il resto della vita. A questo punto John, non potendo più gestire la concorrenza, chiuse l'attività.

Tu cosa vuoi fare nella vita? Costruire il tuo acquedotto o trasportare secchi d'acqua? Come ti sentiresti se, usando la time-line, ponessi di avere cento anni e, guardando la tua vita passata, ti rendessi conto di non aver fatto altro che portare secchi d'acqua, massacrandoti di lavoro dalla mattina alla sera e dal lunedì al venerdì, per non raggiungere nessuno dei risultati che speravi? Ti accorgeresti di non esserti comportato secondo i tuoi valori, di non aver realizzato i tuoi sogni e, in più, arrivato a cent'anni, non avresti in tasca il becco d'un quattrino!

Perché, sì, hai iniziato a lavorare per garantire sicurezza economica alla tua famiglia e a te stesso, ma alla fine hai trascurato tua moglie e i tuoi figli e hai sacrificato i tuoi spazi per lavorare. Molte persone sono in questa situazione, ma comunque ancora in tempo per porvi riparo. Anche se inizialmente potrà costare molta fatica, è forse più proficuo provare a lavorare in maniera intelligente per costruire un bell'acquedotto.

Richard, ad esempio, ha avuto il coraggio di esporsi e per sette mesi si è assunto il rischio di veder fallire la sua idea. Per i primi sei ha girato l'America in cerca di chi finanziasse il suo progetto e, probabilmente, ha fatto la fame; il settimo mese gli è stato necessario per costruire l'acquedotto e poi si è goduto i frutti del suo lavoro, ha avuto tutto il denaro che desiderava e molto tempo libero per sé.

Se valutiamo una situazione da una prospettiva più lontana, siamo in grado di farlo con maggiore oggettività. Questa è un po' l'idea che si trova alla base dello strumento "time-line" per come viene inteso oggi. Se prevedi di dover affrontare situazioni potenzialmente stressanti, puoi farlo estraendo risorse dal passato, ancorandole a te e applicandole di volta in volta. È un modo un po' diverso di utilizzare strumenti già acquisiti con gli eserciti fatti. Ad esempio, l'ancoraggio delle risorse al cerchio dell'eccellenza è una strategia che ti permette di vederti in una situazione potenzialmente stressante, come è quella del dover parlare in pubblico, e di constatare che va tutto alla perfezione, ma puoi raggiungere lo stesso risultato servendoti della time-line.

**SEGRETO n. 34: la time-line è una rappresentazione mentale del tuo percorso di vita e può esserti utile per recuperare risorse positive. Puoi darle la forma che desideri e decidere liberamente la direzione nella quale immaginare il tuo futuro o il tuo passato.**

Questa tecnica viene utilizzata principalmente per tre scopi: raggiungere **obiettivi**, estrarre **risorse** e realizzare un proficua **gestione** dello **stress**. Questo in linea di massima, infatti Richard Bandler spesso sperimenta utilizzazioni molto particolari della time-line.

Ad esempio, ho letto che l'ha utilizzata per curare i problemi di vista di alcune persone. La terapia consisteva nell'indurre ai suoi pazienti stati di rilassamento molto profondi, allo scopo di riportarli indietro nel tempo, poi chiedeva loro: «Immagina di essere un bambino e guarda ciò che ti circonda con gli occhi del bambino che sei. Ora riapri gli occhi e guardati intorno: è tutto nitido, ci vedi benissimo! Riesci a farlo perché sei tornato indietro nel tempo a un'età nella quale la tua vista era perfetta, hai recuperato la risorsa e l'hai applicata ad oggi».

Non sono un medico e non conosco le particolarità del funzionamento dell'ottica umana, quindi non saprei fornirti una spiegazione scientifica della riuscita dell'esperimento. Di fatto Bandler procurava a queste persone delle suggestioni molto precise per insegnare di nuovo loro a vedere senza sforzare i bulbi oculari. Le riportava indietro nel tempo, facendole tornare all'idea di avere occhi del tutto sani, per poi tornare nel presente conservando la vista perfetta che avevano da bambini. Sta di fatto che, riaprendo gli occhi, ci vedevano perfettamente!

Bandler dice di avere imparato a farlo casualmente, affiancando nell'esecuzione di un esercizio sulla linea del tempo una persona che portava gli occhiali. Dopo averla fatta regredire e tornare al presente, le chiese di riaprire gli occhi e… non ci vedeva più con gli occhiali! Presa dal panico, provò a toglierseli e fu grande la sua meraviglia nel constatare che, senza, vedeva alla perfezione.

C'è poi un altro aneddoto, che potrebbe interessare le donne che pensano di sottoporsi a un lifting per conservare un viso fresco e giovane. Bandler aveva scoperto che, raggiungendo stati di relax profondi, si può anche ottenere l'effetto di rilassare la pelle, di renderla più morbida ed elastica.

Un giorno una signora andò da lui e gli confessò di aver intenzione di sottoporsi a un intervento di lifting. Bandler le propose di fare una prova: «Ora ti porterò indietro nel tempo. Immagina di tornare all'età di quindici anni, quando non avevi neanche una ruga...». La donna avvertì un senso di profondo relax, tanto intenso da rilassarle la pelle del volto.

A quel punto Bandler le chiese: «Ora mantieni questa distensione, ancorala e riportala nel presente», e quando riaprì gli occhi, poté effettivamente constatare che la pelle del suo viso era molto più distesa e rilassata di quanto non fosse prima. Non vorrei deluderti, ma non so se questo fenomeno abbia effetti duraturi, dovresti chiedere direttamente a Bandler, però può essere buono come intervento d'urto nel caso tu abbia una serata galante. Accompagna alle creme che usi per idratare la pelle anche un bel trattamento distensivo per le rughe, è ottimo sia per donne che per uomini.

Questi sono solo alcuni esempi di utilizzo "alla Bandler" della time-line nell'ipnosi. Ad ogni modo ci concentreremo sugli usi principali di cui ti parlavo poco fa. Per illustrarteli più efficacemente possibile ti riporto la trascrizione di una dimostrazione fatta in aula.

*************************************************

GIACOMO: Per fare questa dimostrazione ho bisogno di un volontario, vuoi venire tu Francesco? Va bene, facciamogli un applauso! Allora, attraverso l'esercizio ci mostrerai come intendi realizzare i tuoi obiettivi. Ne hai uno in particolare in mente?

FRANCESCO: Sì.

GIACOMO: Bene, non c'è bisogno che tu mi dica di cosa si tratta. Come sai, in PNL non è necessario esprimere contenuti, sono personali, non interessano né a me né ai tuoi colleghi. Mi hai detto di avere un obiettivo, entro quanto intendi realizzarlo?

FRANCESCO: Entro un anno.

GIACOMO: Entro un anno, dodici mesi, bene. Se tu dovessi guardare il futuro, dove individueresti questo anno sulla tua linea del tempo?

FRANCESCO: Qui.

GIACOMO: Qui, bene, allora torna indietro.

FRANCESCO: Già mi sono proiettato.

GIACOMO: Già ha fretta di raggiungere questo obiettivo?! Invece non devi avere fretta, perché hai stabilito di raggiungerlo entro un anno. Ora dimmi: è importante per te questo obiettivo?

FRANCESCO: Sì, molto.

GIACOMO: Come farai a sapere di averlo raggiunto? Ha le specifiche di misurabilità?

FRANCESCO: Saprò di averlo raggiunto.

GIACOMO: Lo saprai, va bene. Ora fai un balzo di un anno in avanti nel tempo sulla tua time-line e arriva al punto in cui prevedi di aver raggiunto l'obiettivo. Sei ancora in dissociato, quindi vedi il Francesco del futuro dall'esterno. Puoi pure girarti verso di loro così che possano vedere la tua faccia contenta!

Ora dimmi, ci sono altre persone accanto a te? Se sì, sono contente del tuo successo? E guarda la situazione, l'ambiente, i tuoi comportamenti, quello che sei stato in grado di fare, le tue convinzioni, e cerca di assorbire tutto ciò che ti è necessario per raggiungere realmente l'obiettivo. Mentre lo fai, comincia a vedere gli effetti che questa sensazione produce nel Francesco del futuro, perché, come vedi, è molto contento e soddisfatto. Ovviamente la sensazione è avvertita da lui ma non da te, perché sei ancora in dissociato… So che vorresti essere in lui!

FRANCESCO: È il minimo.

GIACOMO: Ora immagina di entrare dentro di lui, associati in Francesco. Ora sei tu, in prima persona, a vivere questo momento in cui ti senti davvero bene. Hai raggiunto il tuo obiettivo e sei soddisfatto. Senti questa sensazione diffondersi dentro di te, lascia che si muova e si espanda per tutto il tuo corpo. Raddoppiala, triplicala, decuplicala come ti aiutassi con la leva di un immaginario pannello di controllo.

FRANCESCO: A questo punto sto per prendere il volo!

GIACOMO: Sì, sentiti soddisfatto al punto di spiccare il volo. Ora hai conseguito questo obiettivo, mentre solo un anno fa eri ancora molto lontano dal raggiungerlo. Ciò che provi adesso è una sensazione di grande gratificazione, non è vero? Ora aspetta, rimani qui, dissociati di nuovo e rivediti nel Francesco che ha raggiunto l'obiettivo. Ora sei di nuovo fuori dall'immagine, quindi il Francesco del presente vede il Francesco del futuro.

Questo è fondamentale, perché è, sì, importante che viviate l'esperienza in associato, come Francesco che, entrando in se stesso, ha avvertito delle emozioni fortissime, le ha sentite irradiarsi nel suo corpo, espandere e raddoppiare; ma voglio anche che godiate del momento in cui siete in dissociato e guardate il vostro io del futuro che ha già concretizzato l'obiettivo. Vi serve per poter dire che questo è ciò che volete e farete di tutto perché si realizzi. Questa spinta emotiva accrescerà in maniera esponenziale la vostra motivazione.

Quindi, Francesco, ricapitolando il procedimento, prima ti vedi in dissociato, poi in associato e di nuovo in dissociato. In questo modo puoi verificare quanto è gratificante aver raggiunto l'obiettivo e, però, hai anche la possibilità di distaccarti da questa sensazione perché resti alta la tua motivazione a concretizzarlo, visto che, nei fatti, ancora non è tuo.

Bene, ora che sei dissociato, guardati indietro e osserva com'è cambiata la tua linea del tempo in quest'anno, grazie a tutti gli avvenimenti che si sono succeduti e che ti hanno portato al risultato. Vorrei che rivivessi, mentre fai un passo verso il presente, quasi riavvolgessi una videocassetta, tutto ciò che è successo e tutti i passi che ti hanno portato fin lì. Lasciali scorrere nella tua mente velocemente, sempre più velocemente, fino al presente, fino ad arrivare di nuovo qua, da dove puoi guardare nuovamente il tuo futuro e dirti: «Tra un anno sarò là? È bello e soddisfacente!» Ci sono persone contente per te e tu sei soddisfatto. La tua motivazione è alta. Questo esercizio serve ad aumentare la motivazione e a rendere più concreto l'obiettivo. Ora che lo senti più vicino, a livello di immagini e di concretezza, qual è la tua sensazione nei confronti dell'obiettivo?

FRANCESCO: Ho molta voglia di raggiungerlo.

GIACOMO: Ha molta voglia di raggiungerlo. Bene, mi pare determinato, che ne dite? Ora procediamo. Torna, in associato, al Francesco del prossimo anno, che ha raggiunto l'obiettivo. Secondo te, cosa direbbe al Francesco di oggi, più giovane di un anno, che deve ancora iniziare il suo cammino verso l'obiettivo? Dagli qualche consiglio, se vuoi, però, puoi anche non dirceli.

FRANCESCO: Gli direi: «Continua così».

GIACOMO: Continua così. Bene, ma dillo a lui, non lo dire a me.

FRANCESCO: Continua così.

GIACOMO: Perfetto, è bello, non trovi? Ora ritorna nel giovane Francesco di oggi, fai tesoro del "continua così" che ti sei detto e pensa alle azioni che potrai fare da adesso in poi, seguendo tutta la tua linea del tempo, che ormai è già stata scritta, per raggiungere quell'obiettivo. Lascia che la tua mente elabori un piano d'azione anche nei giorni e nelle notti a venire, in modo tale da spingerti a raggiungere l'obiettivo con la massima motivazione e la massima voglia. Un applauso a Francesco!

********************************************************

La procedura dell'esercizio, come vedi, è molto chiara e piuttosto semplice. In un primo momento sei nel presente e stabilisci tra te e te un obiettivo che hai intenzione di raggiungere in un dato lasso temporale a tua discrezione: sei mesi, un anno, due anni e così via. Quindi fa' alcuni passi sulla linea del tempo per raggiungere il punto in cui vorrai aver concretizzato il tuo obiettivo e, in un primo momento, vivilo in dissociato, ossia vedi dall'esterno te stesso che hai raggiunto l'obiettivo. Poi visualizza in associato te stesso a obiettivo raggiunto e vivi la meravigliosa sensazione di aver avuto successo in ciò che ti eri prefisso. Infine dissociati di nuovo, uscendo dal te stesso che ha raggiunto l'obiettivo e guardati indietro, osservando il cambiamento della tua time-line. Osserva tutti gli avvenimenti successi da un anno fa ad oggi e ripercorrili all'indietro come riavvolgessi una videocassetta, fino ad arrivare al presente.

Poi torna di nuovo in associato al te stesso che ha raggiunto l'obiettivo e, da questo stato, dai qualche consiglio al te stesso che è ancora al principio del suo cammino. Francesco si è detto di continuare così, un'altra persona potrebbe dirsi di cambiare qualcosa nel suo atteggiamento attuale o nelle sue scelte. Consiglia tutto ciò che ti senti al tuo io più giovane, poi torna al presente, riassociati a te stesso, tieni a mente i consigli che ti sei dato e motivati al massimo, lascia che la tua mente elabori queste informazioni. Ti sentirai certamente più forte, motivato e convinto nel voler raggiungere il tuo obiettivo.

Ai tempi in cui ero studente di PNL, ho applicato questo esercizio a moltissime cose e tuttora continuo ad utilizzarlo, perché con l'aiuto della time-line ho raggiunto tutti gli obiettivi che mi ero prefissato, anche prima della scadenza stabilita. Quindi è probabile che anche Francesco abbia raggiunto il suo obiettivo in un tempo minore rispetto a quello da lui immaginato, magari sei mesi anziché un anno. Ciò è più che probabile anche perché non mi ha detto "tra un anno", bensì "entro un anno", che è ben diverso, il termine "entro" implica che potrebbe raggiungerlo anche prima. A me è successo e ti invito a far sì che accada anche a te.

Ora prova a fare l'esercizio: stabilisci un obiettivo che desideri intensamente realizzare perché, magari, l'hai sempre avuto in mente, e fa' in modo che si concretizzi. Buon lavoro.
***


**SEGRETO n. 35: la strategia della time-line viene utilizzata principalmente per tre scopi: raggiungere obiettivi, estrarre risorse e realizzare una proficua gestione dello stress.**

Quando propongo questo esercizio ai miei allievi di corso, normalmente mi vengono rivolte diverse domande. Mi viene chiesto, ad esempio, se vada ripetuto più volte fino al raggiungimento dell'obiettivo. Non è necessario, basta una volta, l'importante è che venga eseguito con attenzione, in modo che la mente si programmi ad andare in una data direzione.

Dai il via alla tua strada verso il raggiungimento dell'obiettivo e, via via che procedi, rendilo più vero e concreto. Associandoti nel te stesso che ha raggiunto l'obiettivo hai già installato nella tua mente la piacevole sensazione di essere riuscito nel tuo intento, per cui, oramai, sai dove stai andando, hai già una direzione nella quale il cervello, in qualche modo, ti porterà. Questa tecnica ipnotica segreta ti aiuterà a cogliere occasioni e opportunità che ti condurranno dove tu vuoi. Ricordo che quando mi sono posto come obiettivo quello di diventare formatore, improvvisamente ho conosciuto persone che mi hanno aiutato e motivato in questo senso, tanto che l'ho raggiunto prima del termine previsto e sono certo che accadrà anche a te.

Deepak Chopra, medico e grande guru della meditazione, è autore del libro *Coincidenze*, nel quale spiega che la vita di ognuno è fatta, appunto, di coincidenze. A suo parere le coincidenze significative, che accadono a seguito di un'intenzione consapevole o meno, sono il mezzo tramite il quale si può entrare in connessione con il campo delle infinite possibilità ancora incompiute. Secondo me le coincidenze di cui parla Chopra consistono in ciò che in PNL viene definito **focus mentale**, ossia il concetto per cui focalizzarsi su un obiettivo permette di notare maggiormente tutto ciò che lo riguarda. Certo, è stata una bella coincidenza il fatto che, una settimana dopo aver deciso di realizzare il primo videocorso, mi abbia scritto una email il nostro regista proponendomi di creare videocorsi, ma certo io ero, in quel momento, più focalizzato che mai a cercarlo.

**SEGRETO n. 36: si definisce come focus mentale l'atteggiamento di focalizzarsi su di un obiettivo tanto da notare maggiormente tutto ciò che lo riguarda.**

Come ti dicevo, per condizionarti a dovere ti basta fare l'esercizio per bene anche una sola volta; se poi decidi di ripeterlo, comunque non ti farà male. Anzi, questo ti darà la possibilità di aggiornare, a seconda degli imprevisti di percorso che ti potranno capitare, le azioni da compiere volta per volta per concretizzarlo. In più riuscirai a renderti conto di come è cambiata la tua time-line nel periodo trascorso da quando hai fatto per la prima volta l'esercizio.

Questo processo, nel quale si parte dalla fine per arrivare all'inizio, è definito come **reverse engineering**, letteralmente "ingegneria al contrario". In fondo è particolare che, una volta proiettato nel futuro, tu possa voltarti indietro a vedere ciò che hai fatto per arrivare dove sei. Eppure puoi, la mente ti aiuta in questo.

Ho sentito parlare di reverse engineering un paio di volte nella mia vita. La prima leggendo il libro sul business e la vendita *Unlimited Selling Power*, di Donald Moine e Kenneth Lloyd. In particolare, secondo gli autori: «Se vuoi raggiungere un obiettivo finanziario, parti dalla fine, quindi, prima di tutto decidi quanto vuoi guadagnare. Ad esempio, poniamo che il tuo obiettivo sia di raggranellare 100.000 euro nel giro di un anno. Ora che ce l'hai fatta, guardati indietro e vedi come hai fatto a raggiungerlo». A me parve da subito estremamente entusiasmante l'idea di poter guardare alle proprie spalle il percorso fatto e di poter dire: «Che bello, qui ho raggiunto 50.000, qui ho raggiunto 10.000 e qui sono alla partenza, quindi a 0».

In qualche modo riuscirai a raggiungere l'obiettivo che ti sei prefissato, l'importante è che ti sia chiaro e che sia misurabile, ossia che tu abbia stabilito una cifra precisa che vuoi arrivare a guadagnare. Il tuo obiettivo non sarebbe misurabile se fosse, ad esempio, di "diventare ricco", perché non c'è una regola che fissi un quantitativo minimo di denaro possedendo il quale ci si può definire ricchi. Al contrario, se dici di voler guadagnare 100.000 euro entro un anno, quello sì è un obiettivo ben formulato, perché, appunto, misurabile e specifico.

La seconda volta in cui ho sentito parlare di reverse engineering è stato riguardo agli UFO. Durante un viaggio negli Stati Uniti, una guida mi disse: «A pochi chilometri di distanza da qui c'è la famosa "Area 51", base militare americana segretissima». In teoria gli USA negano l'esistenza dell'Area 51, ovvero della base militare in cui avrebbero fatto esperimenti sugli UFO raccolti in diverse cadute. Si dice che negli anni '60 fosse caduta un'astronave nei pressi di Roswell, una località americana, e che fossero stati prelevati dal suo interno degli omini verdi, addirittura pare avessero fatto loro l'autopsia. Sull'evento gira anche un filmato in Internet, che però, a quanto pare, è un falso.

La guida, peraltro molto brava, iniziò a raccontarmi il fatto e mi consigliò il libro *Il giorno dopo Roswell*, di Philip Corso, generale degli Stati Uniti. Egli, nel 1961, fu incaricato dal Pentagono di produrre un programma industriale segreto per lo sviluppo dei materiali rinvenuti a bordo della navicella extraterrestre precipitata a Roswell. Avrebbe dovuto indirizzare alle industrie americane operazioni di reverse engineering che avrebbero permesso, partendo dalle tecnologie aliene e attraverso un procedimento a ritroso, di creare nuove tecnologie e riuscire a riprodurre congegni estremamente complessi.

Se ti capita, leggilo, perché è davvero molto interessante, in quanto offre un punto di vista nuovo sugli UFO e spinge il lettore a credere alla storia, poi sta a te decidere se vale o meno la pena fidarsi. Questo fu uno dei primi libri che lessi, tanti anni fa, mi coinvolse e mi sconvolse a tal punto che lo terminai in mezza giornata.

Ho messo in pratica il processo di reverse engineering anche durante la dimostrazione con Francesco, il mio allievo. Lui si è guardato indietro e ha visualizzato le diverse tappe che lo hanno portato dallo stato attuale fino al raggiungimento del suo obiettivo e ha capito come fare per arrivare a concretizzarlo. Quando ti dico: «Riavvolgi le tue azioni all'indietro, come fossero contenute in un videotape», ti assicuro che la mente è in uno stato ipnotico tale che ti segue e fa tutto da sola, riavvolge le varie tappe mentali come se tu le avessi veramente vissute, per cui poi risulta molto più facile realizzarle.

Se decidi di ripetere più volte questo esercizio, tanto meglio, perché impiegherai sempre meno tempo per prendere una decisione. Questo è il processo, e l'idea che c'è alla base del funzionamento di questo strumento è quella di abituare la mente a pensare determinati processi e programmarsi ad arrivare in una certa direzione per raggiungere un determinato obiettivo.

Abbiamo visto che l'ancoraggio ti può essere utile per recuperare risorse e utilizzarle per gestire lo stress o per raggiungere altri obiettivi. Dunque, com'è meglio comportarsi nell'affrontare una prova potenzialmente ansiogena e stressante, come un esame o un colloquio di lavoro? Per illustrartelo meglio ti riporto la trascrizione di una dimostrazione fatta in aula durante un mio corso.

*********************************************************

GIACOMO: Chi vuole venire qui come volontario? Maria? Benissimo. Ho una cosa interessante da dirvi. Mentre, poco fa, eseguivate l'esercizio sulle time-line, io ho seguito Maria e altri due allievi, facendo, quindi, l'esercizio sugli obiettivi con tre di voi in contemporanea. È riuscito molto bene. Tra l'altro è stato anche divertente, perché l'obiettivo di ognuno non è stato svelato. Ho chiesto loro di pensare singolarmente al proprio obiettivo e di andare avanti fino a raggiungerlo. Loro hanno eseguito l'esercizio ognuno per proprio conto ma in contemporanea, quindi si sono dissociati, poi associati, poi di nuovo dissociati, infine sono tornati indietro. È stato divertente, tanto che la prossima volta sarà oggetto di dimostrazione. Allora, hai in mente una situazione che ti crea stress?

MARIA: Sì.

GIACOMO: Tra quanto tempo la devi affrontare?

MARIA: A giorni.

GIACOMO: A giorni. Di quale risorsa avresti bisogno per sentirti più sicura?

MARIA: Credere di più in me stessa. Quindi devo trovare, rispolverando le risorse a mia disposizione, un momento del mio passato in cui avevo una maggiore sicurezza.

GIACOMO: Credere di più in te stessa, bene. Hai mai creduto in te stessa?

MARIA: Sì.

GIACOMO: Credi in te stessa, in generale?

MARIA: Sì... È molto vaga come domanda.

GIACOMO: È molto vaga, tu sei vaga e io sono vago, non ti preoccupare. Incomincia a immaginare un momento del tuo passato in cui hai creduto molto in te stessa, in cui avevi quel tipo di fiducia in te stessa che ti serve per la situazione che devi affrontare a giorni. Bene, andiamo nel tuo passato a recuperare questo momento.

Ora stai rivivendo la situazione del passato in cui hai creduto molto in te stessa e ti trovi a una certa distanza dal tuo presente. Rivivila in associato e immedesimati totalmente: vedi quello che vedevi allora, senti quello che sentivi, ascolta quello che ascoltavi e avverti la sensazione di fiducia in te stessa irradiarsi all'interno del tuo corpo. Lasciala espandere ovunque: nelle braccia, nelle gambe, nella testa, nell'addome, nelle mani e nei piedi. Falla girare e raddoppia, triplica, decuplica la sua velocità.

Quando stai per arrivare al picco, crea un ancoraggio a questa sensazione; fa' un gesto, un qualcosa per ancorare; perfetto, così. Avete visto anche che bel respiro ha fatto? Si vede quando una persona arriva al momento di picco, anche la respirazione cambia. Bene, ora tieni quest'ancora con te e immagina che abbia un colore. Ora pensa di colorare tutta la tua linea del tempo, perché stai tornando nel presente e, nel farlo, porti con te la tua ancora, che, espandendosi lungo la time-line, lascia dietro di sé una sorta di scia colorata. Sei arrivata nel presente?

MARIA: Sì, sono nel presente.

GIACOMO: Benissimo. Hai portato nel presente la tua risorsa di fiducia e, ora che è a tua disposizione, senti che potrai utilizzarla nella situazione potenzialmente stressante che dovrai affrontare. Ora percorri i giorni che ti dividono da quello previsto per la prova: ecco, stai vivendo la situazione che fino a poco fa ti stressava e ora puoi servirti della tua ancora. Tingi ogni cosa con il colore della tua risorsa e stringi la tua ancora richiamando al massimo la sensazione di forza, sicurezza e fiducia in te stessa che avverti dentro di te. Vivi in maniera nuova e in piena sicurezza questa situazione che prima ti creava stress. Immagina di ricevere complimenti dalle persone che ti sono attorno e vedono in te tanta forza e sicurezza. Ora girati, guarda la te stessa del presente e dalle un consiglio. Se vuoi dillo, altrimenti puoi anche solamente pensarlo.

MARIA: «Tranquilla che ce la fai».

GIACOMO: Tranquilla che ce la fai, bene. Ora torna nel presente, sempre portando con te la tua risorsa di fiducia e sicurezza, è splendido, non ti pare? E segui il consiglio della te stessa del futuro che ha superato brillantemente la prova: «Tranquilla che ce la fai». Come ti senti, ora, pensando alla situazione che fino a poco fa ti stressava?

MARIA: Più sicura di me.

GIACOMO: Più sicura di te.

MARIA: Sì, e anche più tranquilla.

GIACOMO: Va bene, grazie!

*******************************************************

Alcuni esercizi fanno davvero miracoli! Se ci pensi, non è che uno stratagemma per richiamare risorse dal passato e poterle, così, utilizzare nel presente. Ma in fondo è solo un'idea, uno strumento, un gioco. Torni indietro nel tempo, recuperi una risorsa, la porti nel tuo presente e la proietti nel futuro; certo, è sì uno stratagemma, però funziona alla perfezione!

**SEGRETO n. 37: l'idea del reverse engineering, intesa come strategia ipnotica, ti permette di riavvolgere, quasi fossero contenute nel nastro di un videotape, le immagini mentali del percorso che ti ha portato a raggiungere il tuo obiettivo, affinché, avvertendole come già vissute, tu possa concretizzarlo più facilmente e velocemente.**

È attuabile perché in realtà non si lavora sugli eventi accaduti in passato, che sono immutabili, ma sulla percezione che ognuno ne ha, che, invece, può essere modificata efficacemente. Nella mente di ognuno non c'è il passato, ma la percezione degli eventi passati, che, volendo, si può cambiare.

Anthony Robbins durante i suoi corsi dice, a questo proposito, una frase bellissima: «Non è mai troppo tardi per vivere un'infanzia felice». Pensa l'effetto che fa ai suoi allievi, più di 10.000 alla volta, che, magari, hanno voglia di smettere di soffrire a causa del ricordo di eventi tristi e spiacevoli del loro passato. Fa sì che si rendano conto di poterlo fare anche subito, se vogliono: è sufficiente cambiarne la percezione. Persino se tu volessi cambiare la percezione di tutta la tua vita passata e modificarla in positivo, potresti farlo, seguendo il medesimo procedimento. È un modo nuovo di vedere le cose e ha del miracoloso!

La mia allieva Maria, facendo l'esercizio, è riuscita a modificare la percezione che aveva di una data situazione. Prima la viveva come ansiogena e potenzialmente stressante, dopo aver acquisito fiducia in se stessa, in maniera molto più serena. Quando mi ha detto che si sentiva molto più sicura, si vedeva che era sincera, anche perché, nel fare l'esercizio, aveva cambiato modo di respirare ed espressione del viso. Si sentiva più forte e certo si sarà sentita più forte al momento di affrontare la situazione che la preoccupava.

Quindi, come ti dicevo, hai la possibilità di cambiare il modo di percepire i fatti del tuo passato, ovviamente non di cambiare i fatti stessi. Se capita un imprevisto, capita. Anche a me, trainer di PNL, che insegno la materia tutti i giorni, possono capitare degli incidenti di percorso. Ma è proprio quello il momento giusto per dirmi: «Bene, è ora che, a maggior ragione, posso mettere in pratica le tecniche di PNL», e mi diverto, perché c'è la sfida a fare qualcosa di nuovo.

Robert Dilts parla di **posizioni percettive**, ossia varie prospettive dalle quali puoi vedere una stessa situazione. Prendiamo ad esempio una comunicazione che intercorre tra te e un'altra persona. C'è una prima posizione percettiva nella quale vedi la situazione dal tuo punto di vista; una seconda nella quale, facendo un passo immaginario verso di lei, vedi la situazione dal punto di vista della persona con cui stai parlando e dici a te stesso: «Ecco, quello era il mio punto di vista, ma può essere giusto anche il suo».

Infine c'è una terza posizione percettiva nella quale è come se guardassi dall'esterno te stesso parlare con l'altra persona. Guardi te, guardi lei e ti dici: «In effetti, se le parlo con questo tono, è normale che mi risponda male e che poi finiamo per litigare, perché nessuno dei due dà comprensione all'altro».

Se riesci a distaccarti, a dissociarti dalla situazione che stai vivendo, sei in grado di valutarla meglio. Quando sei coinvolto, magari preso dal tuo stato d'animo di quel momento, non riesci a gestire efficacemente il tuo comportamento. E poiché parliamo di cose "importanti e non urgenti", hai la possibilità di pianificare con calma ciò che ti interessa e che magari dovrai affrontare tra pochi giorni, un mese o un anno.

In questo modo hai la possibilità, già da subito, di decidere di quale risorsa dovrai disporre per essere nello stato d'animo voluto nel giorno cruciale. La estrai dal tuo passato, la porti nel presente e la proietti nel futuro, nel momento in cui sai che ne avrai bisogno.

Certo, non ho potuto garantire alla mia allieva che, arrivata al momento di vivere la situazione che la stressava, si sarebbe sentita sicura e fiduciosa come nel momento in cui aveva concluso la prova; le ho potuto però dire con certezza che, fino ad allora, avrebbe avuto con sé la risorsa, quindi non si sarebbe preoccupata e avrebbe vissuto comunque molto meglio.

**SEGRETO n. 38: le posizioni percettive sono varie prospettive dalle quali puoi vedere una stessa situazione che stai vivendo. Se te ne distacchi, sei in grado di valutarla meglio, altrimenti non riesci a gestire efficacemente il tuo comportamento.**

È arrivato il momento che ti cimenti anche tu con l'esercizio. Parti dal presente, identifica la situazione che ti stressa e pensa a quanto tempo passerà prima di doverla affrontare. Ora individua la risorsa o le risorse di cui pensi di avere bisogno e torna con la mente ai momenti del tuo passato in cui le possedevi. Rivivile, dai ad esse un colore ed espandile più che puoi dentro di te. Ora portale nel tuo presente e, proiettandole nel futuro, colora la tua time-line.

Schiaccia l'ancora, avverti la sensazione di benessere, rivivi la situazione con le nuove risorse recuperate e datti un consiglio, che fa sempre bene, perché il te del futuro, in quel momento, ne sa più del te del presente ed è certo in grado di darti un consiglio. Hai cinque minuti, buon lavoro!

***

L'esercizio sulla time-line ti serve per capire come estrarre risorse dal passato, portarle nel presente e proiettarle nel futuro. L'idea del colore è uno strumento, un'idea per agevolarti. Se funziona, meglio, altrimenti prova qualcos'altro.

Le procedure, infatti, non vanno sempre eseguite alla lettera in ogni loro passaggio, prevedono alcuni passi fondamentali che vanno rispettati e altri che possono essere variati in base all'efficacia che devono avere per chi le mette in pratica. Ad esempio, qualcuno potrebbe decidere che gli è utile ripercorrere più volte avanti e indietro la sua time-line, perché gli permette di scoprire ogni volta nuovi particolari importanti. Anzi, se trovi un nuovo modo per te efficace di fare questo esercizio, fammelo sapere, sarà un arricchimento per entrambi!

L'importante, come ti dicevo, è non perdersi alcuni passaggi fondamentali. Ad esempio, usando la strategia della time-line per raggiungere obiettivi, è importante porsi in dissociato, poi in associato, poi di nuovo in dissociato, facendo bene attenzione a distinguere i vari stati. È una strategia preziosa per darti tanta motivazione in più. Dicendoti: «Bene, hai provato la bella sensazione di aver raggiunto l'obiettivo, l'hai già vissuta, però non puoi rilassarti ora, ricordati che ancora non è tuo», ti dai una forte spinta a volere, con tutte le tue forze, ancora più di prima, arrivare quanto prima al tuo traguardo.

Ti propongo ora un altro esercizio sulla time-line che aiuta a gestire lo stress relativo a persone. Te lo illustro tramite la trascrizione di una dimostrazione fatta in aula.

*****************************************************

GIACOMO: Qualcuno vi è antipatico e vi stressa doverlo incontrare? Chi di voi ha un'esperienza di questo genere? Maurizio, ti vedo molto motivato, vuoi venire a fare questa dimostrazione? Bene, facciamogli un bell'applauso! Allora, Maurizio, hai in mente una persona che ti crea un po' di stress?

MAURIZIO: Sì.

GIACOMO: Sì, si vede sai? Hai detto un "sì" con aria molto afflitta! Prendila sempre con ironia, scherzarci su, va bene. Quando pensi di dover incontrare di nuovo questa persona?

MAURIZIO: Da qui a un mese.

GIACOMO: Da qui a un mese la incontrerai, benissimo. Quindi è già sulla tua time-line del futuro. Bene, di quale o quali risorse pensi di avere bisogno per affrontarla in maniera più sicura, tranquilla e determinata, senza stress?

MAURIZIO: Di certo più sicurezza.

GIACOMO: Più sicurezza.

MAURIZIO: Vorrei che questa persona incidesse meno su di me.

GIACOMO: Che incidesse meno su di te. Bene, perché questo avvenga, quale risorsa dovresti possedere?

MAURIZIO: La determinazione.

GIACOMO: Bene, trovate sempre la risorsa che c'è dietro al vostro obiettivo.

MAURIZIO: Sicurezza e determinazione.

GIACOMO: Benissimo, sicurezza e determinazione. Cerchiamo di estrarre queste due risorse. Partiamo dalla prima, la sicurezza. Ti sei mai sentito veramente sicuro nella tua vita?

MAURIZIO: Sì.

GIACOMO: Bene, andiamo nel tratto della tua linea del tempo che riguarda il passato e recuperiamo la sicurezza. Torna, in associato, a un momento del tuo passato in cui ti sei sentito molto sicuro. Rivivi questa situazione di totale sicurezza e rivedi con i tuoi occhi le immagini che vedevi... Avete notato il movimento degli occhi? Ascolta con le tue orecchie ciò che ascoltavi e senti quello che sentivi. Avverti la sensazione di sicurezza irradiarsi dentro di te ed espandersi nel corpo.

Il tuo cervello ormai sa, dopo aver visto tante dimostrazioni, come raddoppiarla, triplicarla e decuplicarla sino a portarla al picco massimo, e mentre lo fai, con un qualsiasi gesto a tua scelta, crea un ancoraggio a questa risorsa. L'hai fatto? Bene. Ora che ti senti molto sicuro, andiamo a cercare un momento, nel tuo passato, in cui sei stato molto determinato. Entra in associato in questa situazione e rivivila attraverso i tuoi occhi. Ormai sai come fare: vedi quello che vedevi, ascolta quello che ascoltavi, senti quello che sentivi; avverti la sensazione di determinazione muoversi dentro di te, girare, espandersi fino a raddoppiare, triplicare e decuplicare. E al momento del picco, con lo stesso gesto di prima o un altro gesto, ancora la risorsa della determinazione. Nel primo caso realizzerai una somma di ancore, nel secondo creerai due ancore separate, va comunque bene. Puoi dirci cosa hai fatto? Una somma di ancore o due ancore separate e diverse?

MAURIZIO: Leggermente diverse.

GIACOMO: Bene, due ancore leggermente diverse. Va bene qualsiasi cosa tu faccia. Ora vorrei che portassi con te, avanti nel tempo, le due risorse che hai estratto, ossia la sicurezza e la determinazione. Pensa di attribuire ad esse un colore, che potrà essere diverso per ognuna o lo stesso per entrambe, e tingi la tua time-line con l'unico colore o con i due colori, a seconda di ciò che deciderai, in modo da portare sicurezza e determinazione in tutta la tua vita, per ora fino al presente.

Ora pensa che da qui a un mese incontrerai questa persona, immagina di creare un poster con lei come soggetto e di incollarlo su una porta a vetri come quelle che vedi negli hotel, hai presente? Se ti incroci con una persona, rimanete comunque divise da un vetro. Ora, voglio che tu superi questa porta mantenendo le risorse di sicurezza e determinazione dentro di te e continuando a tingere con i tuoi colori la tua time-line, anche nel futuro.

Ti avvicini a questa porta, che si apre automaticamente, e le passi attraverso senza degnare di uno sguardo il personaggio del poster che hai appeso, perché ti senti sicuro e determinato e continui il tuo cammino passandogli oltre. Va bene? Porta tutto questo con te, colora tutto, sentiti forte, sicuro e determinato. Ora che l'hai superata, vedi questa porta chiudersi dietro di te, lasciando alle tue spalle anche la persona che ti generava ansia e che tu hai ormai superato, perché ti sei sentito sicuro e determinato. Ora guardati indietro, girati fisicamente, parla al tuo io del presente e dagli qualche consiglio.

MAURIZIO: «Sii sempre più sicuro e determinato».

GIACOMO: Sii sempre più sicuro e determinato. Va bene, torna nel presente. Ormai la porta è infranta, si è rotta. Immagina pure che il vetro sia andato in mille pezzi. E, ora che hai ricevuto questo consiglio dal tuo io del futuro, ripensa un attimo a quella persona che incontrerai da qui a un mese. Ti crea ancora stress?

MAURIZIO: No.

GIACOMO: Come ti senti a riguardo?

MAURIZIO: Sicuro e determinato.

GIACOMO: Sicuro e determinato. Va bene, un applauso!

**************************************************

Questi esercizi sono sin troppo facili. Non mi capita mai che qualcuno li faccia senza avere successo. Sono contento quando riescono così bene, perché è la migliore attestazione di quanto la PNL, grazie alle strategie segrete ideate dai maestri fondatori, sia semplice da applicarsi ed efficace nei risultati. In questo caso abbiamo dimostrato che la strategia è utile anche per liberarci dallo stress riguardo a una persona che dobbiamo incontrare, quindi non solo per gestire situazioni potenzialmente ansiogene.

Il bello è che il mio allievo non solo si sarà certo sentito sicuro e determinato quando, dopo un mese, ha incontrato la persona che gli generava stress, ma porterà queste risorse con sé per tutta la vita, per sfruttarle quando meglio riterrà.

Quella persona non potrà più incidere su Maurizio in maniera negativa, perché è come se avesse innalzato una barriera; il fatto che si senta sicuro, ormai, non dipende più dall'esito di un confronto, è diventata una sua condizione naturale. All'inizio mi hai detto: «Non mi va che interferisca con i miei stati d'animo», ebbene, non interferirà più, perché la porta si è aperta e Maurizio è andato oltre, lasciando la persona che gli procurava ansia alle sue spalle, tra i vetri della porta infranta.

E continuerà ad avvertire questa sensazione ogni volta che penserà a lei o la incontrerà, tanto che vederla non lo turberà, ma anzi sarà per lui un'ancora per sentirsi ancora più sicuro e determinato; questa è la cosa interessante.

**SEGRETO n. 39: la strategia della time-line è utile non solo per gestire situazioni potenzialmente ansiogene ma anche per liberarti dallo stress derivante dalla presenza di una o più persone che, a causa del loro atteggiamento, non ti permettono di essere sereno.**

Come vedi, all'interno della guida trovi molti esercizi sulla time-line. Voglio che impari ad utilizzarla molto bene, perché è uno strumento dell'ipnosi segreta che può essere usato in molte occasioni e con tanta creatività.

Un mio allievo, tempo fa, mi disse che non poteva fare quest'ultimo tipo di esercizio in quanto non aveva persone antipatiche cui pensare. A parte il fatto che i suoi colleghi hanno riso per circa un'ora, ho risposto che poteva fare ugualmente l'esercizio sostituendo alla persona antipatica una situazione stressante. Gli bastava stampare una bella immagine rappresentativa di quella situazione e procedere nel medesimo modo.

Sii creativo, sia quando utilizzi gli esercizi su di te sia quando ti capita, magari come coach, di lavorare con qualcun altro. Sarà difficile che un tuo allievo ti muova la stessa obiezione del mio, perché è davvero particolare non avere in mente neanche una persona potenzialmente stressante! Anche perché, se pure ad essere stressante fosse una situazione, ci sarà comunque qualcuno che la crea. Quindi puoi mettere quel qualcuno sulla porta a vetri e farla aprire. Ricorda: sii sempre molto creativo nell'applicare le strategie ipnotiche della PNL!

RIEPILOGO DEL GIORNO 6:

- SEGRETO n. 33: la time-line ti può aiutare ad aumentare la consapevolezza della tua situazione attuale e, in generale, a migliorare la tua capacità di gestire il tempo.

- SEGRETO n. 34: la time-line è una rappresentazione mentale del tuo percorso di vita e può esserti utile per recuperare risorse positive. Puoi darle la forma che desideri e decidere liberamente la direzione nella quale immaginare il tuo futuro o il tuo passato.

- SEGRETO n. 35: la strategia della time-line viene utilizzata principalmente per tre scopi: raggiungere obiettivi, estrarre risorse e realizzare una proficua gestione dello stress.

- SEGRETO n. 36: si definisce come focus mentale l'atteggiamento di focalizzarsi su di un obiettivo tanto da notare maggiormente tutto ciò che lo riguarda.

- SEGRETO n. 37: l'idea del reverse engineering, intesa come strategia ipnotica, ti permette di riavvolgere, quasi fossero contenute nel nastro di un videotape, le immagini mentali del percorso che ti ha portato a raggiungere il tuo obiettivo, affinché tu possa concretizzarlo più facilmente e velocemente.

- SEGRETO n. 38: le posizioni percettive sono varie prospettive dalle quali puoi vedere una stessa situazione che stai vivendo. Se te ne distacchi, sei in grado di valutarla meglio, altrimenti non riesci a gestire efficacemente il tuo comportamento.

- SEGRETO n. 39: la strategia della time-line è utile non solo per gestire situazioni potenzialmente ansiogene ma anche per liberarti dallo stress derivante dalla presenza di una o più persone che, a causa del loro atteggiamento, non ti permettono di essere sereno.

# GIORNO 7:

## Distorsione del Tempo

Ora parleremo di una delle tecniche più segrete dell'ipnosi. Si tratta della **distorsione temporale**, che il fondatore della PNL, Richard Bandler, apprese nei primi anni di attività, modellando il grande Milton Erickson, che la utilizzava per raggiungere obiettivi. Ricordi quando ti parlavo della capacità di Bandler di rilassarsi nel traffico di Los Angeles? È in grado di farlo riuscendo a indursi uno stato di rilassamento tanto profondo da distorcere il tempo.

Cerchiamo di capire come funziona questa strategia. Hai notato che quando fai qualcosa di bello, che ti piace o ti interessa, come stare con gli amici, il tempo sembra trascorrere in un baleno e, al contrario, quando fai qualcosa di pesante o noioso, come stare in fila, sembra non passare mai? Cos'è che fa la differenza fra queste due situazioni? È semplice: la percezione che il tuo cervello ha dell'esperienza che stai vivendo. La stessa ora, sempre sessanta minuti, può trascorrere velocissima o non passare mai. Una giornata di formazione, per chi è appassionato come me, può trascorrere in un baleno, per qualcun altro che, invece, si annoia da morire, può non finire mai! È questione di punti di vista.

Imparare a distorcere il tempo, ovvero a far sì che lo stesso spazio temporale duri poco o tanto a seconda di ciò che vuoi, sarebbe davvero un grande vantaggio, non ti pare? È ovvio, perché potresti far durare molto a lungo qualcosa che ti piace e pochissimo qualcosa che ti annoia a morte. Bandler dice che è possibile perché dipende solo dalla percezione che ognuno ha di un dato evento piuttosto che di un altro. Se usi la submodalità di percezione di un evento che hai temporalmente "ristretto" e la utilizzi per un altro evento, puoi riuscire a restringere anche quest'ultimo. Quindi è, come sempre, questione di percezione.

**SEGRETO n. 40: con la strategia della distorsione temporale puoi far durare molto a lungo una situazione piacevole e pochissimo una sgradevole.**

Questa forma di ancoraggio è denominata **fast and slow time**, che sta per "tempo veloce e tempo lento". Attraverso questa tecnica puoi crearti un ancoraggio per il fast time e un ancoraggio per lo slow time.

Quando vuoi che il tempo scorra lentamente, lo rallenti attivando lo slow time, quando invece vuoi che scorra velocemente, azioni l'ancora del fast time. La tua scelta dipenderà dal fatto che tu abbia bisogno di più o meno tempo per fare qualcosa.

Bandler, a questo proposito, racconta del modo in cui aiutò una donna in sovrappeso a dimagrire: «Inizialmente le ho indotto uno stato di rilassamento, poi abbiamo lavorato sulla time-line estraendo le due ancore temporali, ovvero i due momenti di velocità e di rallentamento (fast e slow time), e infine le ho applicato l'ancora del rallentamento all'idea di mangiare. Le ho detto che la prossima volta che avesse preso in mano una forchetta, tutto le sarebbe sembrato estremamente lento e quando si fosse trovata di fronte a un piatto di pasta, la forchetta avrebbe bucato il rigatone con una lentezza disperante, così come lentissimo sarebbe stato il gesto per portare il boccone a sé».

La donna, grazie alle suggestioni ricevute da Bandler, acquisì una visione distorta della realtà che la costrinse a vivere in maniera incredibilmente lenta la serie di azioni necessarie a mangiare un piatto di pasta. Si annoiava a tal punto da dover smettere dopo alcuni bocconi e questo la portò a ridurre notevolmente le porzioni di cibo consumate giornalmente.

Se hai problemi di linea, puoi usare efficacemente questo strumento. Il dietologo ti indicherà la quantità massima di pasta che puoi mangiare durante la giornata e, una volta ancorato il meccanismo, nel momento in cui starai per superare il limite, la tua mente farà in modo di rallentare tanto il tempo che continuare a mangiare ti sembrerà un'attività di una noia mortale, perché ogni tuo movimento sarà lentissimo.

Ma c'è un ulteriore aneddoto che voglio raccontarti a questo proposito. Bandler ci dice che, in un'altra occasione, insegnò a una ragazza qualche mossa di Aikido e, soprattutto, le spiegò come rallentare il tempo. Organizzò poi una sfida tra lei e una cintura nera, Quinto Dan, che da trent'anni praticava l'Aikido.

Ebbene, vinse la ragazza, poiché aveva acquisito gli strumenti per rallentare il tempo a tal punto da poter vedere come al rallenty le mosse dell'avversario. Padroneggiando la strategia della distorsione temporale era in grado di schivare i colpi, di fare le giuste prese e le mosse più azzeccate per mettere a terra l'avversario, pur campione. Sembra un po' la storia raccontata nel film *Matrix*, dove Keanu Reeves, dopo varie peripezie, scopre di essere l'eletto e per questo, durante i duelli, ha la capacità di vedere al rallentatore tutte le mosse degli avversari e di neutralizzarle con facilità.

In realtà ognuno fa già questo tipo distorsioni nella vita di tutti i giorni in modo del tutto naturale, in questo caso non ho niente di nuovo da insegnarti. Quante volte ti capita di comprimere al massimo una situazione che ti piace molto e di dilatare una spiacevole? Ad esempio, se guardi un film che ami, non dura sempre troppo poco? E un film che ti annoia non ti sembra interminabile?

**SEGRETO n. 41: la distorsione temporale è qualcosa che già fai naturalmente nella vita di tutti i giorni.**

Ora, attraverso la trascrizione di una dimostrazione fatta in aula, ti spiegherò come, utilizzando la time-line, riuscirai a distorcere il tempo a tuo favore.

************************************************************

GIACOMO: Chi viene come volontario? Un applauso a Marco! Bene, adesso estrarremo dal tuo passato degli eventi e delle esperienze in cui hai usato il *fast time* e lo *slow time*, quindi in cui il tempo è stato molto veloce o molto lento. Cerca di ricordare un'occasione in cui ti è capitata una cosa molto noiosa e lenta da morire, per cui il tempo non ti passava mai. Ce l'hai? Bene, allora andiamo, muovendoci realmente, a recuperarla dal tuo passato.

Io non ti chiedo di parlarmene, non so se ciò che ti viene in mente è una fila in banca o altro, sta di fatto che era un evento molto noioso e il tempo sembrava fermo. A me verrebbero in mente le attese che normalmente si fanno all'aeroporto o la fila che si fa aspettando di entrare nell'aula dove Anthony Robbins sta per tenere un corso; credimi: dura un'eternità! Ecco, pensa a un'esperienza di questo genere.

Ora lascia che il tuo inconscio veda in che modo ti rappresenti questa esperienza nella mente. Ti creerai delle immagini, vedrai la cosa in un dato modo, forse un po' sfocata o forse molto nitida, non si sa. Avrai un certo modo di visualizzare questa esperienza che ti è sembrata interminabile e, pur se è durata comunque un tempo oggettivo e dimostrabile, a te pareva non dovesse finire mai.

Il tuo cervello attribuisce a questa immagine un aspetto particolare, magari allungata o altro, che gli permette di distinguerla dalle altre. Non c'è bisogno che tu mi dica attraverso quali submodalità il tuo cervello la sta organizzando, non è interessante né per me né per i tuoi colleghi, l'importante è che lo sappia la tua mente.

E mentre pensi a questo evento, che si è rallentato tanto da non passare mai, che durava da un'eternità ed era assai noioso, creati un'ancora in prossimità del momento di picco massimo, che sarà il tuo slow time per rallentare il tempo. Pensa a un gesto, una parola, un'immagine con cui richiamerai questo stato di slow time, ovvero di totale lentezza, in quello che stai facendo. Ora lascia irradiare nel tuo corpo la sensazione. Quando hai finito dimmi di sì.

MARCO: Sì.

GIACOMO: Bene. Adesso, per un attimo, dimentica questa cosa. Pensa invece a un'occasione in cui ti stavi divertendo da morire e ti è parso che il tempo volasse. Magari sono trascorse ore, giornate, un'intera vacanza, che, se ci ripensi, ti sembra durata un attimo. Ora torna a quel momento, a quel ricordo, a quella vacanza, torna fisicamente indietro sui tuoi passi a seconda della sua posizione sulla time-line. Mentre pensi a questo ricordo, anche ad occhi aperti, se vuoi, ti rendi conto che il tempo è volato, che è passato in un istante. Il tuo cervello, intanto, si rappresenta questa sensazione con delle immagini, dei suoni e delle voci. È un modo di dirti qualcosa, il tuo corpo ti invia dei segnali per cui ti accorgi che il tempo è trascorso davvero in un baleno.

Lascia espandere questa sensazione e, a un passo dal momento del picco, creati un'ancora che sarà quella del fast time. Ora torna al presente con le tue due ancore. Non so quali siano e non mi interessa saperlo, l'importante è che ti sia creato due gesti, due immagini per te rappresentative del fast time e dello slow time, ovvero del tempo veloce e tempo lento.

Adesso immagina di dover affrontare una situazione che non ti piace molto, un po' noiosa, una di quelle che vorresti passassero velocemente. Tra quanto tempo si potrebbe verificare?

MARCO: Non saprei… domani…

GIACOMO: Da qui a domani. Allora, fa' un passo in avanti e trovati in questa situazione che, in genere, ti appare molto lenta e noiosa. Bene, schiaccia l'ancora del fast time e rendi tutto veloce. Lascia che il tuo cervello visualizzi la situazione in una maniera nuova e molto più veloce, con una submodalità, un modo di percepire le immagini completamente diverso, tanto che il tempo, stavolta, ti passa in un attimo. Come vivi ora questa situazione?

MARCO: Bene, molto più veloce!

GIACOMO: Adesso torna un attimo al presente e immagina, invece, una situazione molto piacevole, nella quale normalmente il tempo vola, quindi la vuoi rallentare per goderne al massimo, vuoi che la tua felicità, il tuo divertimento durino un'eternità. Tra quanto si potrebbe creare, nella tua vita, una situazione del genere?

MARCO: Tra poco.

GIACOMO: Tra poco, va bene, quindi fa' un breve tratto in avanti sulla tua time-line. Adesso schiaccia la tua ancora di slow time in modo da rallentare tutto il processo. Immagina di vivere fotogramma per fotogramma tutta questa situazione. Magari non dura che un minuto, ma caspita, fa' in modo che quel minuto valga un'ora, perché in situazioni negative il tuo cervello lo ha già fatto tante volte in passato e sa perfettamente come farlo anche adesso.

Immagina di vivere questa situazione secondo per secondo, istante per istante; ti rendi conto che dura davvero un'eternità! Mentre continua e pare non finire più, ti senti bene, contento e soddisfatto di vivere questa sensazione positiva che pare eterna. È una bella situazione quella che stai vivendo?

MARCO: È bella e me la sto godendo!

GIACOMO: È bella e te la stai godendo. Si vede, guardate che faccia felice! Ora torna al presente. Ti piace avere queste due ancore?

MARCO: Sì.

GIACOMO: Certo, sono molto utili. Bene, facciamogli un applauso!

**********************************************************

Come vedi, la strategia è quella utilizzata nelle precedenti esercitazioni, si tratta solamente di un'applicazione molto creativa della time-line. In sostanza cosa fai? Torni nel passato a prendere risorse e le trasporti nel futuro. Per cui il procedimento di base è stato identico in tutti i casi, ma ogni esercizio ha avuto uno scopo differente.

Quest'ultimo impiego, poi, è particolarmente utile, perché sfrutta dei meccanismi già presenti nel cervello. La distorsione temporale, che di norma avviene inconsciamente, è utile perché la mancanza di tempo è uno dei problemi principali della società attuale e, come ben sai, è la principale fonte di stress.

**SEGRETO n. 42: la strategia di fast e slow time è un'applicazione molto creativa e particolarmente utile della time-line, perché sfrutta dei meccanismi già presenti nel cervello.**

Spesso si è stressati perché si hanno troppe cose da fare e manca il tempo di farle, a maggior ragione, poi, se sono importanti. Come sai, la soluzione c'è: puoi prendere il poco tempo a tua disposizione e distorcerlo allungandolo quanto vuoi, facendolo durare anche un'eternità, se serve; il tuo cervello è perfettamente in grado di farlo. In questo modo puoi riuscire a far durare un'infinità di tempo i tuoi momenti più piacevoli, così come ha fatto il mio allievo durante la dimostrazione.

Attraverso l'esercizio del ricalco sul futuro l'ho portato a spostarsi nel momento della sua vita futura in cui prevedeva di vivere una situazione piacevole. Una volta individuata, ne ha allungato il più possibile la durata e, quando davvero la affronterà, il suo inconscio sarà in grado di farlo automaticamente perché glielo ha insegnato con questo esercizio. Non solo, lo farà anche ogni volta che si troverà di fronte a una situazione piacevole e bella che varrà la pena prolungare.

Ora voglio che tu faccia l'esercizio e che ti installi queste ancore, in modo che tu le abbia a disposizione per poterle utilizzare ogni volta che vorrai e in automatico, in ogni caso in cui il tuo cervello lo riterrà opportuno. Quindi, creare l'ancora serve per insegnare al cervello come fare, perché tu prenda consapevolezza del funzionamento di questa strategia.

Io penso che tu non abbia mai avuto coscienza di questi meccanismi, o meglio, tutti sappiamo che un istante bello dura poco, però pochissimi conoscono la strategia che c'è dietro a questo automatismo mentale. Scorrendo la dimostrazione, avrai notato come Marco, immedesimandosi nelle situazioni del passato, sia riuscito tranquillamente a individuare queste strategie, ad ancorarle e a trasportarle nel momento del futuro in cui gli sarebbero state utili. E altrettanto tranquillamente saprà utilizzarle in ogni altro momento in cui lo riterrà idoneo.

Prima che tu faccia l'esercizio, ricapitoliamo velocemente la procedura. Partendo dal presente, torna nel tuo passato alla ricerca di due esperienze: una fast time e una slow time. La prima corrisponderà a un'occasione in cui il tempo è volato perché stavi facendo qualcosa di bello, la seconda a un'occasione in cui il tempo non passava mai, tanto da sembrarti un'eternità, perché stavi vivendo una situazione spiacevole. Devi ancorare queste due esperienze e trasportale in situazioni future nelle quali potranno esserti utili.

Questo mi ricorda una vecchia pubblicità della Swatch, lo slogan della quale era più o meno questo «Quanto dura un minuto Swatch?» La corredavano varie immagini, una delle più belle era quella di una mamma in attesa. In questo caso, l'idea che si voleva trasmettere corrispondeva al fatto che, seppure un minuto sia sempre un minuto, però si può avere l'impressione che i nove mesi di attesa di un bambino durino un minuto. Il tutto era poi associato a un'emozionante colonna sonora che faceva venire i brividi e vivere stati d'animo bellissimi. Se non sbaglio, questa pubblicità ha vinto anche un premio: "Il minuto d'oro".

Quindi, tornando a noi, hai la possibilità di distorcere il tempo e farlo durare di meno o di più, a tuo piacimento. Puoi usare la distorsione temporale anche per fare degli esercizi. Magari sei un trainer e domani hai un corso, dovresti tornare a casa a prepararlo, ma devi prima andare a un appuntamento e, per ora, sei bloccato in macchina e prevedi di restarci almeno per la prossima ora. Che fai? Sfrutta la situazione a tuo vantaggio, usa positivamente l'ora a tua disposizione, distorci il tempo, fa' sì che duri una vita. Così, in quel breve spazio temporale che mentalmente hai dilatato, puoi leggere diversi libri, farti venire idee nuove, prendere appunti, scrivere mappe. Quell'ora, in teoria, resta tale, ma per te vale di più.

Quando le persone mi chiedono: «Come fai a leggere dieci libri al giorno con tutto il lavoro che hai da smaltire?», la risposta è che cerco di massimizzare il tempo, non solo tramite la lettura veloce ma anche grazie alla distorsione. Faccio in modo che il mio tempo duri di più, per cui il mio cervello è come se lavorasse più velocemente rispetto a quello degli altri.

**SEGRETO n. 43: la strategia del fast e slow time è una particolare tecnica di ancoraggio e un modo creativo per utilizzare la time-line.**

A questo punto devi provare la strategia, infatti, finché non eseguirai l'esercizio, non riuscirai a capire di cosa sto parlando. Procedi come hai letto in dimostrazione, hai cinque minuti di tempo. Buon lavoro!

***

Come ti dicevo, si tratta di un esercizio che va messo in pratica, altrimenti non risulta chiaro e non resta bene impresso. Una volta sperimentato, però, le cose si chiariscono abbastanza. Io ho seguito diversi miei allievi e ho notato la differenza. Inizialmente uno di loro ha avuto dei dubbi circa il meccanismo e io ho cercato di spiegarglielo con parole semplici e comprensibili: «Ti sarà certo capitato, nel passato, di vivere esperienze piacevoli che, proprio per questo, sembravano durare un attimo. Ad esempio, quando ti trovi a cena con gli amici sei contento e divertito e il tempo scorre veloce, quando sei intrappolato nel traffico cittadino, invece, il tempo sembra non passare mai! Ora, già il fatto che ti siano capitate queste cose, è la prova che il tuo cervello è in grado di percepire il tempo in maniera diversa a seconda delle situazioni e di distorcerlo.

Ancora l'esperienza di fast o slow time e portala con te nel futuro per applicare, ad esempio, lo slow time a una situazione che ti piace o ti diverte, allo scopo di farla durare il più possibile, mentre al contrario, normalmente, vi applichi il fast. Vivila secondo per secondo, fotogramma per fotogramma. Applica invece il fast time a una situazione del futuro che sai già ti annoierà molto e alla quale, quindi, avresti normalmente applicato lo slow time. Invece fa' che passi in un istante, vivila come fosse un'istantanea, comprimi il tempo». E anche lui è riuscito a farlo, così come ci è riuscito Marco in dimostrazione.

Quindi è certo che puoi riuscire a fare distorsione temporale, anzi, più fai pratica con questo tipo di ancoraggio, meglio ti riuscirà e più facile sarà da gestire. Spesso, infatti, essendo un concetto un po' particolare, va a scontrarsi con delle convinzioni negative. Qualcuno potrebbe dire che non è possibile distorcere il tempo, in realtà ognuno già lo fa inconsciamente, ma, in questo caso, occorre prima di tutto scardinare le convinzioni limitanti che ostacolerebbero la buona riuscita dell'esercizio. Ecco perché chiedo ai miei allievi di fare l'esercizio prima di pormi delle domande, altrimenti non possono capire fino in fondo di che si tratta.

John Grinder dice: «Understanding comes later», ovvero, letteralmente, «Capire viene dopo». Quindi: prima fai l'esercizio, poi capirai ciò di cui sto parlando. Perché, specie per argomenti un po' particolari come questo, spesso capire non risulta del tutto intuitivo.

Al mio allievo ho anche detto: «Siamo quasi a fine lezione, facciamo un altro esercizio: espandi al massimo gli ultimi cinque minuti di corso, fa' che durino un'eternità, vivili secondo per secondo», sai cosa è successo? Che ha iniziato a guardare l'orologio e a dire: «Sono le cinque e un secondo...», e dopo un secondo «Senti ma... sono ancora le cinque e due secondi?» Con questo voglio dirti che per lui il tempo si era dilatato a dismisura, tanto da non passare più!

Chissà quante volte ti sarà capitato di guardare l'orologio e di notare come il tempo trascorresse con una lentezza inaudita! Sappi che il cervello dilata in automatico le situazioni che ti annoiano, così come velocizza estremamente le situazioni piacevoli; ha imparato da sé queste strategie che sarebbero preziose se utilizzate all'inverso.

Bandler sottolinea come la stragrande maggioranza delle persone le utilizzi in modo errato e ci esorta a farlo, invece, nel modo giusto, allungando a dismisura le esperienze gradevoli e restringendo al massimo quelle noiose. Così come, lavorando con le emozioni e gli stati d'animo, facciamo in modo di rendere piccole e lontane le immagini di cose sgradevoli ed enormi, nitide e luminose le immagini di cose piacevoli, che ci trasmettono emozioni positive.

**SEGRETO n. 44**: il segreto per distorcere il tempo in maniera utile sta nell'ancorare il fast time a esperienze sgradevoli, per abbreviarle al massimo, e lo slow time a esperienze piacevoli, per far sì che durino il più a lungo possibile.

RIEPILOGO DEL GIORNO 7:

- SEGRETO n. 40: con la strategia della distorsione temporale puoi far durare molto a lungo una situazione piacevole e pochissimo una sgradevole.

- SEGRETO n. 41: la distorsione temporale è qualcosa che già fai naturalmente nella vita di tutti i giorni.

- SEGRETO n. 42: la strategia di fast e slow time è un'applicazione molto creativa e particolarmente utile della time-line, perché sfrutta dei meccanismi già presenti nel cervello.

- SEGRETO n. 43: la strategia del fast e slow time è una particolare tecnica di ancoraggio e un modo creativo per utilizzare la time-line.

- SEGRETO n. 44: il segreto per distorcere il tempo in maniera utile sta nell'ancorare il fast time a esperienze sgradevoli, per abbreviarle al massimo, e lo slow time a esperienze piacevoli, per far sì che durino il più a lungo possibile.

# CONCLUSIONE

È arrivato il momento di tirare le somme di tutto ciò di cui abbiamo parlato in questa guida sulle tecniche segrete dell'ipnosi e della PNL. Se puoi distorcere il tempo vivendo emozioni positive più a lungo ed eliminando un po' di stress, anche grazie alle strategie ipnotiche segrete ideate dai fondatori della PNL, ben venga.

La Programmazione Neuro-Linguistica ti insegna, sì, ad aiutarti con le sue tecniche, ma soprattutto ti vuol trasmettere un **atteggiamento mentale**. Per cui, dietro l'ancoraggio e la time-line, dietro alle induzioni e alla distorsione del tempo, che sono strategie, c'è il modo di pensare e di comportarsi di chi ritiene di poter cambiare almeno un po' la realtà, modificando la percezione di alcuni eventi del proprio passato. Se finora hai ricordato una certa situazione percependola in modo negativo, se hai visto il tuo futuro solo come fonte di stress, di ansia, di paure, è ora di cambiare rotta, di superare questi limiti e andare avanti.

Utilizzando la time-line, goditi la soddisfazione di un obiettivo non ancora raggiunto; poi guardati indietro, individua le tappe che ti hanno portato a realizzarlo mentalmente e, per concretizzarlo realmente, aiutati con un tuo suggerimento dal futuro. È come se veramente avessi la possibilità di viaggiare nel tempo, nessuno ti vieta di farlo in questo modo ed è anche molto efficace. Un altro te stesso ti parla dal futuro e ti dà dei consigli per vivere meglio la tua vita.

In questa situazione, incredibilmente, hai la possibilità di accedere a risorse insperate, per cui ti scopri più intelligente, più sveglio e lucido, come se davvero avessi maggiore esperienza di vita. Di fatto sei sempre tu, questo è chiaro, però riesci a darti dei consigli, cosa che in uno stato normale, magari di ansia o di paura, non potresti fare, perché non saresti in grado di ragionare in modo sufficientemente obiettivo.

Puoi utilizzare lo strumento dell'ancoraggio, che hai visto messo in pratica in mille modi. Ti sei esercitato realizzando l'ancoraggio semplice, il cerchio dell'eccellenza, il pannello di controllo. È un meccanismo molto importante e di grande efficacia, quindi tienilo a mente. Non solo, tienilo anche "dentro la mente" e servitene quando avrai bisogno di acquisire un qualsiasi stato: premi un pulsante per attivare la risorsa, alza la leva per moltiplicare la sensazione ad essa collegata e sei a posto. Io credo che ormai il tuo cervello abbia imparato alla perfezione questi meccanismi, quindi potrai senza difficoltà creare pulsanti e leve per estrarre le risorse che ti serviranno in vari momenti della tua vita.

Se può esserti utile, puoi scegliere di disegnare il pannello, come ho visto fare da alcuni miei allievi durante i corsi, aggiungere un armadietto pieno di cose utili, di strumenti, una cassetta degli attrezzi o un bel cestino dove gettare i vecchi comportamenti che non ti piacciono più. Vedrai che il tuo cervello in qualche modo reagirà e ti orienterà, per il futuro, in una direzione precisa, verso nuovi obiettivi e comportamenti. Ed è quello che hai visto fare e poi messo in pratica utilizzando l'ancoraggio all'interno della time-line.

Mentre sei nel presente, puoi guardare al tuo passato o verso il tuo futuro e stabilire di pensarli nella direzione che preferisci: il passato alle spalle e il presente di fronte o viceversa, il passato a destra e il futuro a sinistra o viceversa e, in ogni caso, dove vuoi. Vai nel passato a raccogliere risorse che poi ti ancori e che porti nel presente e proietti nel futuro. In fondo, se nella tua vita sei già stato sicuro, determinato e forte, perché non dovresti poterlo essere ancora? Magari anche in *quella* certa situazione, con *quella* persona, nel perseguire *quell'*obiettivo. Hai già le risorse dentro di te, quindi sfruttale.

Se ci pensi, Socrate faceva il mio stesso mestiere, ossia il coach. Estraeva risorse dalle persone molto prima che lo facesse la PNL, qualche secolo prima che arrivasse Bandler. Questo è ciò che da oggi devi fare con te stesso e con gli altri, se ti capita. Come dice Bandler: «Lascia le persone in uno stato migliore di quello nel quale le hai trovate».

Quindi, se una persona è triste, falla pensare, con domande semplici, ai suoi obiettivi, al suo futuro, alle sue risorse. Chiedile: «Come ti senti? In genere sei una persona sicura?», conferiscile l'identità della persona sicura e lascia che porti questa risorsa nel suo futuro, fa sì che affronti nuove sfide e fa' la stessa cosa con le risorse che avrai recuperato dal tuo passato.

Ci sono tanti modi di guardare al tempo. C'è chi nel passato vede solo problemi, traumi ed eventi spiacevoli e nel futuro solo ansia, stress e obiettivi falliti. Mentre c'è chi, avendo vissuto le medesime esperienze di vita, riesce a trarre dal proprio passato preziosi insegnamenti e risorse assai utili, a vedere il futuro come la promessa di obiettivi da raggiungere, risultati da concretizzare e nuove emozioni da vivere.

Il modo in cui decidi di porti dipende esclusivamente da te, abbi senso di responsabilità, decidi tu cosa vedere nel passato e cosa nel futuro. Migliora te stesso e guarda le altre persone e il tuo futuro in maniera nuova. Utilizza le tue ancore, premi i tuoi pulsanti, serviti della time-line e, comunque, continua sempre a fare esercizi di questo tipo.

Ma nel tuo percorso di vita ti può essere di grande aiuto anche il relax e, a questo scopo, abbiamo parlato dei diversi modi per indurti uno stato di rilassamento. È importante che tu parta da un buon setup, ovvero una definizione delle caratteristiche che vuoi abbia il tuo stato di relax. Potrai decidere quanto tempo debba durare, come utilizzarlo, quali obiettivi vuoi raggiungere grazie ad esso e come riuscirvi. Ti sarà utilissimo, innanzi tutto, per fare un buon decollo. Lo potrai realizzare in qualsiasi situazione, anche in fila in banca o bloccato nel traffico. Se poi conosci altre tecniche di rilassamento o di meditazione, usale e, anzi, approfondiscile, aiutandoti con le nuove appena apprese.

Man mano che farai pratica, diverrai sempre più veloce nel realizzare l'induzione, tanto che ti basterà un attimo per rilassarti, diverrà istantaneo quanto uno schiocco di dita.

Una volta effettuato il decollo passerai al volo, nel quale dovrai decidere come utilizzare lo stato di relax appena acquisito. Te ne potrai servire per accedere a nuove risorse, cambiare abitudini, fare progetti, raggiungere obiettivi e molto altro. Ricorda che, accedendo a uno stato di rilassamento, potrai arrivare a far meglio tutto ciò che già fai bene nella vita di tutti i giorni, trasformando in eccellente ciò che è già buono. I segreti dell'ipnosi non sono certo formule magiche! Si tratta di tecniche e strategie avanzate che ti permetteranno di amplificare il controllo che hai su te stesso.

Infine è essenziale fare un buon atterraggio per rafforzare le suggestioni che ti sei dato durante il volo, altrimenti rischi di vanificare tutto ciò che hai fatto. È come se, dovendo parlare a una conferenza, partissi benissimo, con un ottimo decollo, dicessi cose interessantissime durante tutto il volo e poi... non sapessi come concludere! Se non riepiloghi ciò che hai detto e non inserisci un buon invito all'azione, non ottieni il risultato voluto; si può quasi dire che tu abbia perso tempo. Un buon atterraggio, per quanto breve, va arricchito con suggestioni che servono a rafforzare tutto il lavoro fatto in precedenza.

Quindi stasera, prima di andare a dormire, lascia che il tuo inconscio ti ricolmi di suggestioni positive e potenzianti per la tua vita e ti dia tanta energia e tanta carica!

Buon lavoro!

*Giacomo Bruno*